Renate Kiefer · Lenelotte Möller

Die großen Reden der Indianer

Renate Kiefer · Lenelotte Möller

Die großen Reden
der Indianer

marixverlag

Bibliografische Information der Deutschen Nationalbibliothek
Die Deutsche Nationalbibliothek verzeichnet diese Publikation in der
Deutschen Nationalbibliografie; detaillierte bibliografische Daten sind im
Internet über
http://dnb.d-nb.de abrufbar.

© by marixverlag GmbH, Wiesbaden, 2012
Lektorat: Dietmar Urmes, Bottrop
Covergestaltung: Nicole Ehlers, marixverlag GmbH
nach der Gestaltung von Thomas Jarzina, Köln
Bildnachweis: akg-images GmbH, Berlin
Satz und Bearbeitung: C&H Typo-Grafik, Miesbach
Gesetzt in der Palatino Linotype
Gesamtherstellung:
Bercker Graphischer Betrieb GmbH & Co.KG, Kevelaer
Printed in Germany

ISBN: 978-3-86539-962-5

www.marixverlag.de

Vorwort

Sammlungen von Reden und Briefen amerikanischer Ureinwohner gibt es in englischer Sprache in großer Zahl. Einige Reden wurden auch schon in deutschen Ausgaben vorgelegt. Eine besonders gelungene Zusammenstellung bietet Bob Blaisdell, *Great Speeches by Native Americans*, Mineola (New York) 2000. Dieses Buch war Ausgangspunkt der Überlegungen, aus denen »Die großen Reden der Indianer« hervorgingen. Bei der Sichtung des infrage kommenden Materials fiel die Wahl oft auf Texte, die auch in Blaisdells Sammlung enthalten sind. Diese wurden jedoch wie auch die anderen jeweils aus den ältesten erreichbaren Quellen übersetzt.

Ganz besonderer Dank ergeht an Miriam, Victor und Erin Eslinger in El Paso (Texas) für die Beschaffung von Quellenwerken, desgleichen an die Library of Congress in Washington, Crystal Pound von der North Dakota Studies Website und die Minnesota Historical Society für die Übermittlung von Texten sowie an Frau Ursula Lederer für ihre Unterstützung beim Textvergleich.

Speyer, im Januar 2012
Renate Kiefer und Lenelotte Möller

Inhaltsverzeichnis

EINLEITUNG

Das Titelbild zeigt einen der in dieser Sammlung vertretenen Redner, den Häuptling der Chiricahua-Apachen Goyathlay im Alter von 76 Jahren, bei den Weißen bekannt unter dem Namen Geronimo, welcher ihm wahrscheinlich von Mexikanern gegeben wurde. Diese bekämpfte er, seit sie im Sommer 1858 bei einem Überfall seine Adoptivmutter, seine Frau und drei seiner Kinder ermordet hatten. Bei dem letztendlich vergeblichen Versuch, das Siedlungsgebiet seiner Vorfahren gegen Übergriffe der Weißen und ihrer Regierungen zu verteidigen, überfiel er zahlreiche Siedlungen und schreckte seinerseits nicht davor zurück, Menschen zu töten. Überhaupt waren die amerikanischen Ureinwohner sowohl untereinander als auch gegen die Ankömmlinge aus Europa zu großer Grausamkeit fähig. Dennoch ist die Gleichsetzung Geronimos mit Osama bin Laden, wie sie die Benennung des Tötungskommandos von 2011 unterstellt, unerträglich.

Die vorliegende Sammlung enthält Reden von etwa 40 weiteren amerikanischen Indianern, mehrheitlich zu ihrem Konflikt mit den weißen Einwanderern, aber auch zu anderen Themen vom 16. bis zum 19. Jahrhundert. Fast alle diese Reden wurden von Weißen überliefert, von ihnen übersetzt, rhetorisch ausgestaltet, manipuliert – tradiert von den Siegern in der Sprache der Sieger. Einige stehen sogar im Verdacht, ganz von Weißen erfunden worden zu sein. Das gilt insbesondere für die berühmteste aller Indianerreden, die des Häuptlings Si'ahl (Seattle) aber auch für die diktierte Biografie Goyathlays (am Ende dieser Sammlung).

Genauso verhält es sich allerdings mit Reden und Briefen, die etwa von römischen oder griechischen Autoren Persönlichkeiten anderer Völker in den Mund

bzw. in die Feder gelegt wurden. Die Rede des Aver-
nerhäuptlings Critognatus in Caesars Gallischem Krieg,
die Rede des Britanniers Calgacus in Tacitus' Agricola,
der Brief des Königs Mithridates von Pontos in Sallusts
Historien sowie viele Reden fremder Herrscher und
Botschafter im Senat von Rom, aber auch Thukydides'
berühmter Melierdialog in der Geschichte des Pelopon-
nesischen Krieges sind Erzeugnisse der Verfasser, die
sich nach damaliger literarischer Gepflogenheit als
Überlieferer präsentieren. Das schmälert den literari-
schen Wert der Texte keineswegs, und bei kritischer
Lektüre auch nicht ihren Quellenwert.

Die etwas mehr als 50 Reden indianischer Männer
und Frauen, die in diesem Buch enthalten sind, stellen
eine Auswahl aus einem Zeitraum von 350 Jahren und
über 30 Stämmen dar, wie sie so in deutscher Sprache
noch selten vorgelegt wurde. Diese Auswahl gestattet
einen differenzierten Blick auf Offenheit, Mut und Frie-
densliebe, auf vertane Chancen und Beharrung amerikanischer Ureinwohner im Angesicht eines übermäch-
tigen, oft skrupellosen Konkurrenten um das Land und
seine oberirdischen und unterirdischen Schätze. Sie
zeigt auch das Ringen der Indianer um Anpassung
oder Widerstand, bei dem ein sinnvoller, erfolgreicher
Mittelweg kaum zu finden ist.
Gerade dieser Aspekt besitzt höchste Aktualität: Von
ihrer Wiege in Afrika wanderte die Menschheit im ersten Akt der Globalisierung nach Europa und Asien und
von Asien und Europa – mit einigen Jahrtausenden
Unterschied – nach Amerika. Dort entstand ein höchst
ungleicher Kampf um Land und Ertrag. Die Reden und
Briefe der amerikanischen Ureinwohner besitzen, besonders wenn sie sich auf die weißen Eroberer beziehen, manche Parallele zu den Reden unterworfener
Herrscher vor dem römischen Senat in den Jahrhun-
derten um Christi Geburt. 1500 Jahren später haben
viele europäische Völker die Rolle gewechselt – von

den Unterworfenen des Imperium Romanum zu den weißen Landnehmern in Amerika und Afrika. Angesichts der Bevölkerungsentwicklung auf der Erde wird deutlich, dass dieser Rollenwechsel der Europäer im Zuge der stets fortschreitenden Globalisierung nicht unumkehrbar ist, sodass Europa in absehbarer Zeit vielleicht nicht nur seinen materiellen Bedarf, sondern auch seine demokratischen Werte gegen wirtschaftlich erfolgreichere, dafür aber weniger demokratisch und rechtsstaatlich organisierte Gesellschaften verteidigen muss. Vor diesem Hintergrund gewinnt die Beschäftigung mit der Geschichte der amerikanischen Ureinwohner für Europäer einen neuen Aspekt.

1. Acuera (Timucua), um 1540

Textvorlage: Henry M. Schoolcraft: Historical and Statistical Information respecting History, Condition and Prospects of the Indian Tribes of the United States. Vol. III, Philadelphia 1854, S. 37f. und Francis S. Drake: The Indian Tribes of the United States. Volume II. Philadelphia 1884, S. 34; ebenfalls zu finden ist der Text in: Theodore Irving: The Conquest of Florida by Hernando de Soto. Vol. I, Philadelphia 1835, S. 104

Hintergrund: Die Timucua waren ein Stamm amerikanischer Ureinwohner im Norden Floridas, der aus Teilstämmen und insgesamt 35 Siedlungsgruppen mit in der Regel zwei bis zehn Siedlungen bestand, in denen jeweils etwa 300 Menschen lebten. Die östlichen Timucua siedelten entlang des St. Johns River und an der Atlantikküste, die westlichen im Landesinneren der Halbinsel bis zum Aucilla River. Sie besaßen eine eigene Sprache mit zehn Dialekten, die sie zumindest mehrheitlich gebrauchten und aufgrund derer sie als eine kulturelle Einheit betrachtet werden, während sie keinen engeren politischen Zusammenschluss bildeten. Die ältesten ihnen zugewiesenen archäologischen Funde reichen in die Zeit um 1100 bis 1300 zurück. Bei ihnen konnten Männer und Frauen als Leiter des Gemeinwesens fungieren.

Die Acuera, die zur östlichen Gruppe gehörten, lebten entlang des Ocklawaha River und am Lake Apopka und besaßen einen eigenen Dialekt.

1513 wurde die Halbinsel Florida durch Juan Ponce de León entdeckt, als er in der Nähe des späteren St. Augustin landete. 1539 kam Hernando de Soto, der zuvor an der Eroberung des Inkareiches in Peru mitgewirkt hatte, mit einer Armee von etwa 500 Spaniern nach Florida. Er trieb seinen Vormarsch eilig bis zu den Orten Ocale, Potano, Nord-Utina und Yustaga voran, denn sein eigentliches Zielgebiet war das Land der Apalachen, ebenfalls eines Stammes von Ureinwohnern, die nördlich der Timucua siedelten. De Sotos Männer nahmen viele einheimische Bewohner gefangen: Frauen als persönliche Sklavinnen, junge Männer als Träger und ortskundige Führer. Zwei heftige Gefechte mit den Timucua kosteten die Indianer viele Opfer. Durch Stammesmitglieder, die er hatte festnehmen lassen, nahm De Soto Kontakt mit Acuera, dem Häuptling des gleichnamigen Teilstammes auf. Er forderte ihn auf, sich mit den Spaniern zu arrangieren, andernfalls würde es den Ureinwohnern übel ergehen. Acueras Antworten aus dem sich entwickelnden Wortgefecht sind in der folgenden Rede zusammengefasst. Man einigte sich nicht.

Die Timucua führten von da an einen Guerillakrieg gegen die Besatzer, bei dem sie zwar selbst relativ wenige Opfer zu beklagen, aber auch keinen langfristigen Erfolg zu verbuchen hatten. Schon am Ende des 16. Jahrhunderts war die Urbevölkerung um etwa drei Viertel geschrumpft, unter anderem durch Epidemien. Bis 1800 war der Stamm durch Auseinandersetzungen mit weißen Einwanderern – darunter die Timucua-Rebellion von 1656 – und Nachbarstämmen, aber auch als Leidtragender der Auseinandersetzungen zwischen den spanischen, englischen und französischen Kolonialherren ausgelöscht. Die wenigen Überlebenden gingen in anderen Stämmen, wie z.B. den Creek, auf.

Die Rede: In den vergangenen Jahren waren bereits andere eures verfluchten Volkes hier und haben unsere friedlichen Gestade vergiftet. Sie haben mich gelehrt, wer ihr seid. Was ist euer Beruf? Wie Vagabunden von Land zu Land zu ziehen, die Armen zu berauben, diejenigen zu betrügen, die euch vertrauen, und die Schutzlosen kaltblütig zu ermorden! Nein! Mit solchen Menschen will ich keinen Frieden, keine Freundschaft. Krieg, Krieg ohne Ende, Krieg bis zum Letzten, das ist das einzige Entgegenkommen, das ich will.[1]

---

[1] Hier antwortet Acuera unmittelbar auf ein Angebot De Sotos.

Ihr rühmt euch, gute Kämpfer zu sein, und das mögt ihr sein. Meine treuen Krieger jedoch sind nicht weniger tapfer – und ihr werdet eure Kampfkraft eines Tages unter Beweis stellen müssen, denn ich habe geschworen nicht zu ruhen, solange sich noch ein weißer Mann auf meinem Land befindet, und zu kämpfen, nicht im offenen Kampf – obzwar wir auch das nicht fürchten – sondern mit Kriegslist, aus dem Hinterhalt und durch Überfälle mitten in der Nacht.

Ich bin König meines eigenen Landes, und ich werde nie der Vasall eines Mannes werden, der sterblich ist wie ich selbst. Schimpf und Schande über den, der sich unter das Joch eines anderen beugt, wenn er frei sein kann. Was mich und mein Volk betrifft, so wählen wir eher den Tod, ja hundert Tode, als die Freiheit zu verlieren und unser Land unterjochen zu lassen.

Nur weiter so, ihr Räuber und Betrüger: Wir Acuera und Apalachee[2] werden euch behandeln, wie ihr es verdient. Jeden Gefangenen werden wir vierteilen und am höchsten Baum am Straßenrand aufhängen.

---

[2] Stamm amerikanischer Ureinwohner, der dem großen Gebirge im Osten der USA seinen Namen gab. Ihr zentraler Ort war damals Anhaica (heute Tallahassee).

2. WAHUNSONACOCK (POWHATAN), UM 1609

Textvorlage: Samuel G. Drake: Biography and History of the Indians of North America, from its first Discovery. Boston [11]1851, S. 353

Hintergrund: Die Powhatan waren ein Algonkin-Stamm, der in der Gegend der späteren US-Bundesstaaten Virginia und Maryland siedelte. Ihr berühmtester Häuptling war Wahunsonacock oder Wa-hun-sen-a-cawh, bekannt unter dem Namen seines Stammes Powhatan. Wahunsonacock wurde um 1547 in der Nähe von Richmond/Virginia geboren. Sein Vater soll von den Spaniern aus der Gegend von Florida nach Norden vertrieben worden sein und hatte einen Verband mehrerer Algonkin-Stämme gegründet, den Wahunsonacock erheblich erweiterte und schließlich auf über 100 Dörfer mit etwa 9000 Einwohnern ausdehnte. (Die Zahlenangaben schwanken.) Zentraler Ort der Powhatan war Werowocomoco am York River.

Wahunsonacock soll elf Frauen und 20 Kinder gehabt haben, darunter einen Sohn Namontack und eine später berühmt gewordene Tochter: Pocahontas.

Es war Powhatan, der englischen Neuankömmlingen gestattete, ihre erste ständige Kolonie Jamestown im Gebiet seines Stammes zu gründen. Obwohl er wahrscheinlich von der ersten Begegnung an bis zu seinem Tod misstrauisch gegen die Weißen war, bemühte er sich um ein friedliches Zusammenleben und hielt die radikalen Kräfte in seinem Stamm zurück. Wahunsonacocks Sohn Namontack (1585–1610) verschaffte den Neusiedlern Nahrungsmittel und lernte seinerseits die britische Lebensweise kennen, reiste sogar nach England und wurde auf der Rückkehr in einem Streit an Bord getötet. 1608 wurde Wahunsonacock von den englischen Siedlern zum König von Virginia ernannt, bald darauf wich er aber weiter ins Landesinnere zurück, vermutlich wegen zunehmender Entfremdung von den Weißen. Im selben

Jahr nahmen die Powhatan einige Engländer gefangen, darunter den Abenteurer und Mitbegründer von Jamestown, John Smith. Diesen rettete nach der Überlieferung Pocahontas durch ihre Fürsprache vor der Hinrichtung. Anlässlich eines Streites mit Smith, der den Häuptling heftig beschimpft hatte, hielt Wahunsonacock die unten stehende Rede.

Pocahontas heiratete 1610 den sonst nicht bekannten Häuptling Kocoun. Bei einem Austausch von Nahrungsmitteln gegen Gefangene, den die Häuptlingstochter 1613 begleitete, wurde sie selbst von den Weißen gefangen genommen. Sie wurde mit dem Christentum bekannt und ließ sich auf den Namen Rebecca taufen. Mit der Genehmigung ihres Vaters heiratete sie 1614 den Engländer John Rolfe, 1615 wurde der gemeinsame Sohn Thomas geboren. Die Verbindung beruhigte für einige Zeit die Spannungen zwischen Einheimischen und Weißen. 1616 reisten Pocahontas/Rebecca und John Rolfe nach England, wo sie am Königshof empfangen wurden. Kurz vor der Heimreise starb sie 1617 und wurde in einer Kirche in England bestattet.

Wahunsonacock starb 1618. Er hatte mehrere Brüder, darunter Opitchapan, den er offenbar kurz vor seinem Tod zu seinem Nachfolger machte, und Opekankanough (gest. 1644 in hohem Alter), der hinter dem nominellen Häuptling Opitchapan der eigentliche Anführer der Powhatan wurde und die Engländer aus dem Gebiet des Stammes vertreiben wollte. Am 22. März 1622 unternahm er daher einen Angriff auf die Bewohner der englischen Kolonie Jamestown, wobei unter vielen anderen Weißen John Rolfe ums Leben kam. In den vierzehn folgenden Jahren herrschte Krieg zwischen den Powhatan und den Neusiedlern, bis es 1636 zu einem Friedensvertrag kam.

Im April 1644 allerdings überfiel Opekankanough mit seinen Kriegern englische Siedler und soll über 500 Weiße getötet haben. Er selbst wurde dabei gefangen genommen und von einem Wächter erschossen. Ein englischer Vergeltungsschlag folgte, und in den nächsten Jahrzehnten wurden die Powhatan durch Epidemien sowie Kämpfe mit Weißen und mit feindlichen Indianerstämmen dezimiert. Viele gingen in anderen Stämmen auf.

Pocahontas' Sohn Thomas war als Unternehmer erfolgreich; noch heute führen Familien ihre Abstammung auf ihn zurück.

Die Rede: Ich bin nun alt geworden und muss bald sterben, und mein Amt wird dann nacheinander auf meine Brüder Opitchapan, Opekankanough und Cataugh[3] und danach auf meine Schwestern und ihre zwei Töchter übergehen. Ich wünschte, ihre Erfahrung käme meiner gleich; und ich wünschte, eure Liebe zu uns wäre nicht kleiner als unsere Liebe zu euch. Warum solltet ihr euch mit Gewalt das nehmen, was ihr in Liebe bekommen könnt? Warum solltet ihr uns töten wollen, uns, die wir euch zu essen gegeben haben? Was könntet ihr durch Krieg gewinnen? Wir können unsere Vorräte verstecken und in die Wälder fliehen, dann müsst ihr verhungern, weil ihr euren Freunden Unrecht zugefügt habt. Was ist der Grund eurer Missgunst? Ihr seht uns unbewaffnet und bereit, euch zu geben, was ihr braucht, wenn ihr uns freundlich entgegenkommt und nicht mit Schwertern und Gewehren wie zu einer Invasion in Feindesland. Ich bin nicht so naiv, nicht zu wissen, dass es besser ist, gutes Fleisch zu essen und zusammen mit meinen Frauen und Kindern nachts in Ruhe zu schlafen, mit den Engländern zu lachen und fröhlich zu sein, und, als euer Freund, Münzen und Beile zu haben und was ich sonst möchte, als all das aufzugeben und zu fliehen, frierend im Wald liegen, mich von Eicheln, Wurzeln und anderem armseligen Zeug ernähren und mich dauernd so gejagt fühlen zu müssen, dass ich weder ruhen noch essen noch schlafen kann. Meine Männer müssten dann dauernd Wache stehen und beim Knacken jedes Zweiges

---

[3] Auch Kekataugh geschrieben; er lebte von 1557 bis 1622.

würden sie rufen: »Captain Smith kommt!«, und auf diese elende Art würde ich so mein elendes Leben beenden müssen; aber, Hauptmann Smith, das könnte bald auch euer Schicksal sein wegen eurer Unbesonnenheit und eures Mangels an Klugheit. Deshalb bitte ich euch eindringlich, verhandelt friedlich mit uns! Und vor allem bestehe ich darauf, dass die Gewehre und Schwerter, die der Grund all unserer Missstimmung und Unruhe sind, entfernt und fortgeschafft werden.

3. CHIKATAUBUT (MASSACHUSETT), UM 1620

Textvorlage: Samuel G. Drake: Biography and History of the Indians of North America, from Its First Discovery. Boston [11]1851, S. 107

Hintergrund: Die Massachusett waren ein Algonkin-Stamm, der im Gebiet des heute nach ihnen benannten US-Bundesstaats lebten. Als sie kurz nach 1600 mit den Europäern in Kontakt gerieten, siedelten sie an der Mündung des Neponset; ihre südlichen Nachbarn waren die Wampanoag. Die ersten Weißen, die ihr Gebiet aufsuchten, waren Franzosen, dann folgten Niederländer. 1616–1619 starben aufgrund einer Epidemie viele Dörfer aus, was den Stamm massiv schwächte.

Als Siedler von Plymouth das Grab von Chikataubuts Mutter in Weymouth (südlich von Boston am Atlantik) geschändet hatten, indem sie die Bärenfelle stahlen, welche als Bedeckung über dem Leichnam hingen, hielt der Häuptling die unten stehende Rede an seine Stammesgenossen. Die Täter wurden danach von den Massachusett vergeblich verfolgt.

1621 unterzeichnete Chikataubut mit anderen Häuptlingen eine Urkunde, mit der sie sich König James von England unterstellten.

1622 sollen nach weiteren Auseinandersetzungen die überlebenden Massachusett den Plan gefasst haben, die Europäer aus ihrem Gebiet zu vertreiben. Einem angeblich beabsichtigten Überfall kamen die Weißen zuvor, indem sie ihrerseits Anführer des Aufstands töteten. Die Engländer jedenfalls, die 1629 ankamen, trafen nur noch etwa 500 Massachusett an.

Viele von diesen starben an einer Pocken-Epidemie 1633, darunter Häuptling Chikataubut. Sein Amtsnachfolger Cutchamakin schlug sich auf die Seite der Neusiedler und stand ihnen als Dolmetscher zur Verfügung. In der Sprache der

Massachusett erschien 1663 die erste in Amerika gedruckte Bibel. Gleichwohl wurde der Stamm in Auseinandersetzungen zwischen Weißen und King Philip (vgl. Einleitung zur Rede von Metacom) hineingezogen und verfolgt. Vor allem die Witwen der Männer, die im Unabhängigkeitskrieg gefallen waren, heirateten außerhalb des Stammes. Die letzten Angehörigen passten sich im 18. und 19. Jahrhundert der Kultur der Weißen an, sodass die eigene Sprache verloren ging. Heute leben nur noch einige wenige Familien, die sich als Nachfahren des Stammes ansehen.

Die Rede: Als am gestrigen Tage das herrliche Himmelslicht unter unsere Erdkugel hinabgesunken war und die Vögel langsam ihren Gesang einstellten, begann ich mich wie gewohnt zur Ruhe zu begeben. Bevor meine Augen sich ganz schlossen, dünkte mich, ich hätte eine Vision, die meinen Sinn überaus betrübte: Ein Geist, zitternd ob des traurigen Anblicks, der sich ihm bot, rief mir laut zu: »Sieh her, mein Sohn, den ich gehegt und gepflegt habe, schau hier die Brüste, die dich gesäugt, die Hände, die dich warm und fest gehalten und dich so oft und unermüdlich gefüttert haben; wie kannst du vergessen, Rache zu nehmen an den Wilden, die mein Grabmal auf so frevelhafte Weise beschädigt und unseren uralten Besitztümern und unseren ehrwürdigen Sitten Missachtung entgegengebracht haben. Sieh nur, wie das Häuptlingsgrab nun daliegt: wie die Gräber gewöhnlicher Menschen und noch dazu durch Ehrlose geschändet. Deine Mutter klagt, sie ruft dich zu Hilfe gegen die diebischen Menschen, die als Fremdlinge hierhergekommen sind. Wenn dies tatenlos hingenommen werden muss, dann werde ich in meiner ewigen Wohnstätte keine Ruhe finden können.«

4. MIANTINOMO (NARRAGANSETT), 1642/43

Textvorlage: Samuel G. Drake: Biography and History of the Indians of North America, from Its First Discovery. Boston [11]1851, S. 127–128

Hintergrund: Die Narragansett waren ein großer, mächtiger Algonkin-Stamm im Gebiet des heutigen Rhode Island und im Osten des Bundesstaates Massachusetts. Ihre Siedlungen lagen vor allem auf den Inseln der Narragansett-Bay. Die erste, überaus positive Beschreibung des Stammes für europäische Leser lieferte 1524 Giovanni da Verrazano.[4]

Anfang des 17. Jahrhunderts erlangten die Narragansett nach dem Zuzug von Menschen aus bedrängten anderen Stämmen sogar eine gewisse Hegemonie über kleinere Stämme ihrer Umgebung. Sie betrieben intensiven Handel mit niederländischen und englischen Siedlern.

1620 entstand in Neuengland die englische Kolonie Plymouth. Die Narragansett führten 1622 Krieg mit ihren westlichen Nachbarn, den Pequot, um Jagdrechte im Südwesten von Rhode Island; im folgenden Jahr kämpften sie gegen die Mohawk, während die Zahl der englischen Siedler allmählich zunahm. 1632 lösten sich die Wampanoag mit englischer Unterstützung aus der Vorherrschaft der Narragansett, und im folgenden Jahr mussten sie den Tod von etwa 700 Stammesmitgliedern durch eine Pocken-Epidemie hinnehmen.

1636 kam in ihr Stammesgebiet Roger Williams (1603–1683), der wegen seiner Äußerungen über Religionsfreiheit und Indianerrechte von seinen englischen Landsleuten aus Massachusetts ausgewiesen worden war. Er erwarb rechtmä-

---

[4] Edward Hagaman Hall (Hg.): Giovanni da Verrazano and his discoveries in North America, 1524. In: New York Scenic and Historic Preservation Society, Fifteenth Annual Report, Anhang A, New York 1910.

ßig Land, gründete die Kolonie New Plantations, später Rhode Island und schloss persönliche Freundschaft mit Häuptling Canonicus (1560/65–1647). Durch Williams' anständiges Verhalten verbesserte sich das Verhältnis zu den Engländern, und die Narragansett schlossen 1636 ein Bündnis mit diesen gegen die Pequot, obwohl jene die Narragansett ihrerseits um Hilfe gegen die Engländer gebeten hatten: Pequot hatten bei einem Überfall 30 Kolonisten getötet, deren Landsleute jetzt zum Gegenschlag rüsteten, unterstützt von 200 Narragansett. Diese wurden angeführt von Miantinomo, dem Neffen des Häuptlings Canonicus, und erhielten Durchzugserlaubnis durch das Gebiet der Narragansett. Miantinomo (1600–1643) gehörte seit etwa 1532 zu den wichtigsten Anführern des Stammes. Etwa 500 Pequot wurden in ihrem Fort verbrannt, die Überlebenden verfolgt und zum großen Teil hingerichtet. Nach einem Friedensvertrag in Hartford 1638 erhielten die Narragansett 80 gefangene Pequot als Sklaven, ebenso viele aber auch die ihnen benachbarten und gleichfalls mit den Engländern verbündeten Mohegan, die durch den Zuzug anderer Ureinwohner allmählich zu Rivalen der Narragansett wurden.

Miantinomo versuchte daher ein Bündnis gegen die Mohegan und die Engländer zu schmieden, weshalb er mit einer Delegation von 100 Stammesgenossen 1642 zu den Montauk/Montaukett reiste, einem anderen Algonkin-Stamm auf Long Island. Bei ihnen hielt er die unten stehende Rede. Außer den Montauk wollte er die Mattabesic im westlichen Connecticut und die Mahican und Wappinger im Tal des Hudson River gewinnen, doch war die Mission wenig erfolgreich.

Stattdessen kam es zu einer Isolierung der Narragansett durch den Ausschluss von Rhode Island aus der Neu-England-Konföderation zwischen Massachusetts Bay, Plymouth, Hartford und New Haven 1643. Miantinomo wurde von den Mohegan gefangen genommen und den Engländern übergeben, die ihn in einem Prozess zum Tode verurteilten. Er wurde von einem Mitglied der Mohegan ermordet. An der Stelle des Anschlags auf ihn wurde 1841 ein Denkmal errichtet.

Mit Miantinomos Tod war der Einfluss der Narragansett gebrochen. Sein Onkel Canonicus starb 1647, Nachfolger wurde dessen Enkel Canonchet (1625/30–1675), der wie sein Großvater mit Roger Williams befreundet blieb.

Canonchet schloss sich 1675 dem Aufstand des Wampanoag-Häuptlings Metacom (genannt King Philip) an, der jedoch scheiterte; die Narragansett nahmen die Familie Metacoms auf, worauf die englischen Siedler mit einem Vernichtungskrieg antworteten; manche Narragansett wurde als Sklaven nach Westindien verkauft.

1682 unterwarfen sich 500 Überlebende des Stammes (von ursprünglich etwa 5000) den Engländern und erhielten zunächst ein Reservat bei Charlestown, im 19. Jahrhundert zogen viele weiter in das nördliche Wisconsin. Die Sprache der Narragansett starb aus, doch konnte sie zu Beginn des 20. Jahrhunderts aufgrund der Darstellung von Roger Williams von 1643, *A Key into the Language of America*, wiederbelebt werden.

Die Rede: Brüder, wir müssen eins sein, wie es die Engländer sind, sonst werden wir alle bald nicht mehr sein. Ihr wisst, unsere Väter hatten Wildbret und Tierhäute im Überfluss, unsere Prärie war voller Rotwild und Truthähne, und unsere Buchten und Flüsse waren voller Fische. Aber, Brüder, seit diese Engländer sich unseres Landes bemächtigt haben, mähen sie mit ihren Sensen das Gras und fällen mit ihren Äxten die Bäume. Ihre Kühe und Pferde fressen die Weide auf, und ihre Schweine zerstören unsere Muschelbänke, bis wir am Ende hungers sterben! Deshalb flehe ich euch an, steht euch nicht selbst im Weg, sondern entschließt euch mit uns gemeinsam zu handeln wie Männer. Alle Sachems[5] im Osten und Westen haben sich mit uns zusammenge-

---

[5] Der Begriff Sachem bezeichnet den Friedenshäuptling jeder größeren indianischen Siedlung, dem die anderen Führer und der Kriegshäuptling unterstehen.

tan, und wir sind alle entschlossen, sie an einem bestimmten Tag zu überfallen, und deshalb bin ich heimlich zu euch gekommen, weil ihr die Indianer überreden
könnt, dass sie tun, was ihr wollt. Brüder, ich werde
fünfzig Indianer nach Manisses[6] schicken und dreißig
von dort zu euch, und ihr sendet hundert Southamp-
ton-Indianer und dazu hundert von euch hierher. Und
wenn ihr die drei Feuer seht, die angezündet werden in
einer klaren Nacht in vierzig Tagen von jetzt an, dann
handelt, wie wir handeln, und am nächsten Tag über-
fallt sie und tötet die Männer, Frauen und Kinder, aber
keine Kühe; sie sollen nicht getötet werden, da wir sie
als Vorräte solange brauchen, bis das Wild zurückkehrt.

---

[6] Ein Stamm auf einer Insel gleichen Namens (»Insel des kleinen Gottes«).

5. METACOM/KING PHILIP
(WAMPANOAG), 1676

Textvorlage: Norman B. Wood: Lives of Famous Indian Chiefs. Aurora (Illinois) 1906, S. 94–95

Hintergrund: Die Wampanoag waren neben den Narragansett der mächtigste Algonkin-Stamm und umfasste um 1620 etwa 30 Dörfer in der Narragansett-Bucht, im südöstlichen Massachusetts, genau zwischen den Narragansett in Rhode Island und den gerade in Plymouth angekommenen Pilgervätern. Ihr damaliger Häuptling Massasoit (um 1580–1661) behandelte die Neuankömmlinge überaus wohlwollend, half ihnen zunächst dabei, überhaupt zu überleben, soll sogar bei der Gründung ihrer Siedlungen geholfen haben und schloss mit ihnen 1621 ein Abkommen, das das Zusammenleben zwischen Ureinwohnern und Weißen regelte, obwohl er seinem Stamm damit den Argwohn der Narragansett zuzog. Er war ein Freund von Roger Williams und galt als Friedensstifter auch unter den Indianern. Sein unmittelbarer Nachfolger wurde 1661 sein älterer Sohn Wamsutta, der allerdings bereits ein Jahr nach seinem Vater starb. Wamsutta folgte sein jüngerer Bruder Metacom, genannt King Philip (um 1637 bis 1676), der sich zunächst mit den Engländern arrangierte und ihnen sogar Land verkaufte. 1671 schloss er, um den Verdacht eines geplanten Aufstandes zu zerstreuen, einen Friedensvertrag mit ihnen. Allmählich aber wurde Metacom die Unausweichlichkeit eines Konflikts mit den Neusiedlern, die die Existenz der Ureinwohner infrage stellten, bewusst, und er begann, langfristigen Widerstand zu organisieren. Als ihn John Borden, ein Bewohner Rhode Islands, davon abbringen wollte, antwortete er mit der unten stehenden Rede. Anlass zu dem ungeplant frühen Ausbruch des Aufstandes gegen die Weißen waren zwei Ereignisse: 1674 die Auffindung des Leichnams des christianisierten Wampanoag John Sassamon in einem zugefrorenen Teich und die folgende Verurteilung und Hinrichtung von drei Stammesmitgliedern durch die Engländer, denen die Wampanoag die Regelung ihrer inneren Angelegenheiten nicht zugestehen wollten; außerdem die Erschießung eines Wampanoag durch einen Engländer im Streit um eine Kuh und der darauf antwortende Überfall der Wampanoag auf ein Dorf der Engländer mit der Tötung mehrerer Einwohner. Narragansett und Wampanoag verbündeten sich und zerstörten im folgenden Krieg 1675, der als King Philip's War bekannt wurde, zwölf Dörfer der Kolonisten völlig und töteten mehr als 1000 Weiße, nicht ohne selbst noch mehr Opfer beklagen zu müssen. Den zurückweichenden Aufständischen schlossen sich andere Stämme nicht an, und da Planmäßigkeit, Koordination und Logistik dem indianischen Aufstand fehlte, brach dieser bereits im Juli nach der Schlacht im Pocasset Swamp (Rhode Island) in sich zusammen.

Metacoms Frau Wootonekanuske und seine Kinder gerieten in englische Gefangenschaft, er selbst wurde von Weißen am Bridgewater Swamp von Engländern erschossen. Sein wichtigster Heerführer Annawan kapitulierte zwei Wochen später. Metacoms Familie wurde mit Hunderten anderen Stammesangehörigen in die Sklaverei nach Westindien verkauft, sein Kopf 24 Jahre in Plymouth öffentlich ausgestellt. Die überlebenden Wampanoag begaben sich zu den Narragansett. Der Stamm ist heute ausgestorben.

Die Rede: Die ersten Engländer, die in dieses Land kamen, waren nur eine Handvoll Leute, hilflos, arm und in Not. Mein Vater tat alles, was in seiner Macht stand, um ihnen beizustehen. Dann kamen weitere. Es wurden immer mehr. Die Berater meines Vaters waren beunruhigt. Sie drängten ihn, die Engländer zu töten, bevor sie stark genug würden, die Indianer ihren Gesetzen zu unterwerfen und ihnen ihr Land wegzunehmen. Mein Vater war auch zu den Engländern wie ein Vater. Er blieb weiterhin ihr Freund. Die Erfahrung zeigt, dass seine Berater recht hatten. Die Engländer entwaffneten mein Volk. Sie saßen zu Gericht über uns nach ihren eigenen Gesetzen und bewerteten Schäden mit Summen, die meine Leute nicht zahlen konnten. Manchmal rannten die Rinder der Engländer in die Maisfelder meiner Leute, die ja keine Zäune um ihre Felder machen, wie es die Engländer tun. Ich wurde dann ergriffen und eingesperrt, bis ich wieder ein Stück meines Landes verkaufte, um für den Schaden und die Kosten aufzukommen. So schwand Stück für Stück des Landes dahin. Nur noch ein kleiner Teil des Stammesgebietes meiner Ahnen ist mir geblieben. Ich bin fest entschlossen, den Tag nicht zu erleben, an dem ich ohne Land bin.

6. SWERISE (ONEIDA), 24. MAI 1679

Textvorlage: Cadwallader Colden: The History of the Five Indian Nations Depending on the Province of New York in America. 1727, S. 28–30

Hintergrund: Die Irokesen lebten im Gebiet des heutigen Bundesstaates New York und bestanden aus fünf Stammen, den Cayuga, Mohawk, Oneida, Onondaga und Seneca, die sich am Ende des 16. Jahrhunderts im Bund der sogenannten *Five Nations* zusammengeschlossen hatten. Das Band, das die Einheit der immerhin 7000 Menschen garantierte, waren drei einflussreiche Sippen, die »Taube«, »Wild« und »Wolf« genannt wurden. Die höchste Institution des Bundes war der sogenannte Große Rat mit einer Kammer aus Mohawk und Seneca, einer Kammer aus Oneida und Cayuga und dem Vorsitz der Onondaga, die die ausschlaggebende Stimme besaßen. Die Oneida, zu denen der hier zitierte Redner gehörte, waren, als die Kolonisten ankamen, einer der reichsten Stämme im amerikanischen Osten. Er wurde im Lauf der Zeit auf etwa 5% seines ursprünglichen Gebietes zurückgedrängt.

Die Irokesen betrieben aber auch selbst eine gezielte Expansionspolitik. Im Laufe der sogenannten Irokesenkriege ab 1630 griffen sie, nachdem sie von den Kolonisten Feuerwaffen erhalten hatten, die Huronen an. Zuerst unterbrachen sie deren Pelzhandel durch Überfälle an den wichtigen Straßen, dann zerstörten sie deren Dörfer und vernichteten 1650 die Erie, die den überlebenden Huronen Aufnahme gewährt hatten. Ihre nächsten Feinde waren 1657–1667 die französischen Kolonisten, die allerdings für einen Krieg in keiner Weise gerüstet waren und erst durch Unterstützung aus dem Mutterland und Angriffe anderer Stämme gegen die Irokesen ihre Feinde abwehren konnten.

1664 wurde Manhattan (bisher Neu Amsterdam, jetzt New York) an die Engländer verkauft, mit denen sich der Iro-

kesenbund arrangierte und die er gegen die Franzosen unterstützte. Ein Vertrag, den die *Five Nations* mit den Engländern
schlossen, beinhaltete den Austausch der Gefangenen, die sie
untereinander gemacht hatten, sowie die Gestellung von Er-
satzleuten für ihre Kriegstoten. Die unten stehende Rede
richtete Häuptling Swerise an den Kommandanten und Beauftragten für Indianische Angelegenheiten in Albany im
späteren US-Bundesstaat New York.

Als sechste Nation wurden – ohne Stimmrecht im Großen
Rat – 1710 die Tuscarora Bundesmitglieder der Irokesen-Liga
(*Five Nations*). Im amerikanischen Unabhängigkeitskrieg
kämpften die Oneida auf der Seite der Amerikaner und un-
terstützten sie bei einigen entscheidenden Schlachten. Als
Stamm mit unternehmerischem und kaufmännischem Ge-
schick gelang ihnen der Rückkauf ehemaliger Ländereien;
und heute betreiben sie mehrere Casinos[7] und Firmen, aus
dem sie soziale und kulturelle Einrichtungen finanzieren.

Die Rede: Brüder, wir sind, so wie letzten Winter schon,
auch diesmal mit großer Sorge hierhergekommen, und
wir wollen noch einmal den Wunsch bekräftigen, den
wir damals vorgebracht haben, nämlich dass uns sechs
Indianer überstellt werden im Austausch gegen diese
sechs Christen, falls unsere Leute, die ihr gefangen genommen habt, nicht mehr leben. Niemand von uns ist
gegen die Christen gezogen, seit wir das letzte Mal hier
zusammengekommen sind; aber wir haben euch schon
damals mitgeteilt, dass einige unserer Leute zu jener
Zeit bereits unterwegs waren, ohne von den Anordnungen des Gouverneurs gewusst zu haben, und wir
haben damals schon ausdrücklich darum gebeten, dass
es uns nicht als Verstoß gegen den Vertrag angerechnet

---

[7] Dieser Wirtschaftszweig ist den Indianerreservaten seit einer
Entscheidung des Supreme Court über die rechtliche Souveränität der Reservate ausdrücklich gestattet. Näher geregelt wurde dies in weiteren Bestimmungen von 1988 und 2006. Die
Stämme nutzen dies mit unterschiedlichem Erfolg.

werden sollte, wenn es dabei zu irgendwelchen Vorfäl-
len kommt. Nun trafen dreizehn der Unsrigen, als sie
auf dem Kriegspfad gegen unsere indianischen Feinde
waren, in einem Gebiet, das so weit weg von jeder englischen Siedlung entfernt ist wie Cahnuaga von Albany,[8]
auf 18 Reiter von euch. Diese eröffneten das Feuer auf
unsere Leute, und unsere Männer, die ja Soldaten sind,
schossen zurück und töteten zwei Reiter samt ihren
beiden Pferden und nahmen die Skalpe mit.

Es erscheint uns ratsam, dass der Gouverneur die
Siedler in Virginia anweist, ihre Männer nicht so weit
von zuhause wegzuschicken, denn wenn sie auf Trupps
der Unsrigen treffen, die gerade unterwegs sind gegen
unsere Feinde, die Cahnowas,[9] die die Engländer Aro-
gisti nennen, dann können wir keine Verantwortung
für die Folgen tragen.

Wir sind nun den Anordnungen des Gouverneurs
nachgekommen und haben die drei anderen Christen
gebracht, und was unsere Gefangenen betrifft, setzen
wir nun unser ganzes Vertrauen in den Gouverneur.

Wir haben hiermit unsere Versprechungen eingelöst.
Doch wo sind unsere Gefangenen oder, falls sie tot
sind, die anderen an ihrer statt jetzt, wo es schon so

---

[8] Cahnuaga, sonst Caughnawaga geschrieben, war eine be-
deutende Mohawk-Festung am Nordufer des Mohawk River
im US-Bundesstaat New York, besiedelt 1667–93, 1668–79 mis-
sionierten dort französische Jesuiten, nach Auflassung der
Siedlung zogen die Mohawk nach Kanada.
Albany, die heutige Hauptstadt des Bundesstaates New York
liegt Hudson aufwärts von der Stadt New York. Die beiden
Orte sind etwa 55 km voneinander entfernt.
[9] Die Cahnowas hießen eigentlich Conoy oder Piscataway und
sprachen eine Algonkin-Sprache. Sie lebten zwischen dem Potomac River und der Chesapeake Bay im heutigen Maryland.
Im 17. Jahrhundert wurden sie von den Susquehannock nach
Pennsylvania verdrängt, zogen zum Teil bis nach New York
weiter und dann nach Westen.

spät im Frühjahr ist? Aber wir wollen in dieser Sache weiterhin auf den Gouverneur vertrauen.

[Dann übergab Swerise die Gefangenen und sprach:] Wir können nun sagen, dass wir unsere Versprechen eingelöst haben, und wir stehen ehrenhaft da. Wir hoffen, Corlaer,[10] der das ganze Land regiert, wird nun ebenfalls so handeln, dass er ehrenhaft dasteht.

Corlaer regiert das ganze Land von New York bis Albany und von da bis zum Land der Seneca; wir, die wir seine Untertanen sind, werden jedes Glied der Kette unserer gegenseitigen Abmachungen gewissenhaft einhalten: Nun möge er sein Versprechen einlösen, so wie wir unseres eingelöst haben, sodass diese Kette auch nicht durchbrochen wird durch den, der das ganze Land regiert.

[Die Weißen gaben den Indianern Geschenke für die Versorgung der Gefangenen, und Swerise sprach weiter:] Corlaer möge dafür sorgen, dass uns die indianische Frau, die noch fehlt, übergeben wird und dass uns anstatt der Getöteten andere als Ersatzleute übergeben werden. Wenn Corlaer in dieser Angelegenheit nicht auf uns hört, dann werden wir hinfort auch auf ihn nicht mehr hören.

[Als Swerise später gehört hatte, dass ihm diese letzten Worte übel genommen worden waren, entschuldigte er sich in Begleitung zweier weiterer Ober-Sachems der Oneida mit folgenden Worten:] Als wir gesagt haben, dass wir gar nicht mehr auf Corlaer hören wollen, war das nicht aus unserem Herzen gesprochen, son-

---

[10] Der Häuptling nennt hier die englischen Kolonialgouverneure »Corlaer«, was als Respekts- und Ehrenbezeichnung gemeint war und sich herleitete von dem Namen des niederländischen Gouverneurs Arent van Corlaer, der 1643 die in dem Vertrag mit den Mohawk resultierenden Verhandlungen geführt hatte. Es finden sich die Schreibweisen Corlear, Corlaer bis Curler. Die vorliegende Ausgabe folgt der Vorlage von Colden.

dern wurde als Mittel in der Auseinandersetzung ein-
gesetzt, um Corlaer dazu zu bewegen, die Sache der
Freilassung unserer Gefangenen ernster zu nehmen;
und ihr könnt selbst sehen, dass es sich so verhält, wenn
ihr bedenkt, dass diese Worte nach eurer Entgegnung
gesprochen wurden und auch ohne dass wir einen Bi-
berpelz, einen Gürtel oder einen Wampum niederge-
legt haben, wie wir es immer dann tun, wenn wir Er-
klärungen[11] abgeben; deshalb möchten wir, dass dies,
falls es aufgeschrieben worden ist, wieder gestrichen
wird und dass Corlaer davon nicht Kenntnis erhält;
denn, wie wir es bereits vorher feierlich bekräftigt haben, halten wir unseren Bündnisvertrag gewissenhaft
ein.

---

[11] Herausgeber Colden erläutert: Das Wort Erklärung (propo-
sition) wurde von den Kommissaren für indianische Angelegenheiten in Albany immer für Anträge (proposals) oder Para-
grafen in mit den Indianern geschlossenen Verträgen oder
Vereinbarungen verwendet.

7. Unbekannter Häuptling
(Onondaga und Cayuga), 2. August 1684

Textvorlage: Cadwallader Colden: The History of the Five Indian Nations Depending on the Province of New York in America. 1727, S. 46–49

Hintergrund: Beim Abschluss des Bündnisses der Irokesen und Engländer gegen die Franzosen betonen die Irokesen in der unten stehenden Rede gegenüber den Gouverneuren von Virginia, Francis Howard (1643–1694), und New York, Thomas Dongan (1634–1715), ihre Unabhängigkeit. Die Onondaga lebten im Gebiet des heutigen Onondaga County im US-Bundesstaat New York und hatten die Führung der *Five Nations* übernommen, da der von ihnen hoch verehrte Häuptling Atotarho an der Gründung des Bundes wesentlichen Anteil hatte und dessen erstes Oberhaupt war. Sein Name wurde in späteren Generationen zu einem Titel des Leiters der Irokesen-Liga, wie der Caesars bei den Römern. Der andere hier vertretene Irokesenstamm, die Cayuga, hatte seine Dörfer am Cayugasee im heutigen US-Bundesstaat New York.

Die unten stehende Rede richtete sich an den Gouverneur von New York, Thomas Dongan (1634–1715), und Colonel Stephanus Van Cortland (1643–1700), den Beauftragten Rat für die hier anwesenden Stämme, der sie vor einem Bündnis mit den Franzosen gewarnt und ihnen den Schutz der Engländer empfohlen hatten.

1779 verwüsteten 6200 US-Soldaten in der sogenannten Sullivan-Expedition über 40 Orte der Cayuga, darunter Cayuga Castle und Chonodote, sowie deren Felder. Die Überlebenden flohen zu anderen Irokesenstämmen. In einem Vertrag von Canandaigua 1794 verzichteten die Cayuga auf große Teile ihres Landes.

Die Rede: Bruder Corlaer, euer Sachem ist ein großer Sachem, und wir sind nur ein kleines Volk: Aber als die Engländer anfangs nach Manhattan, nach Aragiske[12] und Yakokranagary[13] kamen, waren sie nur ein kleines Volk, und wir waren groß. Weil wir euch als gute Leute empfanden, behandelten wir euch auch gut und gaben euch Land; wir hoffen deshalb, dass ihr uns jetzt, wo ihr groß seid und wir klein sind, vor den Franzosen beschützt. Wenn ihr das nicht macht, werden wir all unsere Jagdgründe und Biberfelle verlieren. Die Franzosen werden alle Biberfelle bekommen. Der Grund, warum sie jetzt zornig auf uns sind, ist, weil wir unsere Biberfelle unseren Brüdern bringen.

Wir haben unser Land und uns selbst unter den Schutz des großen Herzogs von York gestellt, des Bruders eures großen Sachems, der auch selbst ein großer Sachem ist.

Wir haben den Susquehanna River[14] mit unserem Schwert erkämpft und der Herrschaft eurer Regierung unterstellt; und wir wünschen, dass er ein Zweig des großen Baumes sein möge, der hier an diesem Ort wächst. Seine Spitze reicht bis zur Sonne, und seine Zweige mögen uns vor den Franzosen und allen anderen Nationen bewahren. Unser Feuer brennt in euren Häusern und euer Feuer brennt bei uns; wir wünschen, dass das immer so bleiben möge. Aber wir möchten nicht, dass irgendjemand von den Leuten des großen Penn am Susquehanna Fluss siedelt, denn wir haben kein anderes Land, das wir unseren Kindern hinterlassen könnten.

Unsere jungen Männer sind Soldaten, und wenn sie provoziert werden, sind sie wie Wölfe in den Wäldern, wie ihr, Sachem von Virginia, sehr wohl wisst.

---

[12] Jetzt Virginia.
[13] Jetzt Maryland.
[14] D.h. das daran liegende Land.

Wir haben uns dem großen Sachem Charles unterstellt, der auf der anderen Seite des großen Sees wohnt. Wir geben euch diese beiden gegerbten weißen Hirschlederstücke, damit ihr sie dem großen Sachem sendet, damit er darauf schreibt und ein großes rotes Siegel darauf anbringt, um das zu bekräftigen, was wir jetzt tun, nämlich den Susquehanna-Fluss oberhalb der Wasserfälle und unser ganzes übriges Land dem großen Herzog von York zu unterstellen und niemand anderem. Unsere Brüder, seine Leute, waren unseren Frauen und Kindern gegenüber wie Väter und haben uns Brot gegeben, wenn wir es brauchten. Wir wollen deshalb weder uns selbst noch unser Land irgendeiner anderen Regierung unterstellen als dieser. Wir wünschen, dass Corlear, unser Gouverneur, diese unsere Erklärung dem großen Sachem Charles auf der anderen Seite des großen Sees übersendet, und dazu diesen Wampum-Gürtel, dieser andere kleinere Gürtel ist für den Herzog von York, seinen Bruder. Und euch, Corlear, geben wir dieses Biberfell dafür, dass ihr diese Erklärung weiterbefördert.

Großer Mann aus Virginia, wir teilen euch mit, dass der große Penn hier in Corlears Haus über seine Vertreter mit uns gesprochen hat und uns den Susquehanna-Fluss abkaufen wollte, aber wir haben nicht auf ihn gehört, da wir das Gebiet eurer Regierung unterstellt haben.

Wir wünschen daher, dass ihr Zeugen dessen seid, was wir jetzt tun, und wir wollen jetzt noch einmal bekräftigen, was wir bereits getan haben. Lasst unseren Freund auf der anderen Seite des großen Sees wissen, dass wir als freies, wenn auch mit den Engländern verbundenes Volk unsere Ländereien und uns selbst mit den Sachems verbinden können, die wir bevorzugen. Wir geben euch dieses Biberfell als Erinnerung an unsere Worte.

8. GARANGULA (ONONDAGA), 1684

Textvorlage: Cadwallader Colden: The History of the Five Indian Nations Depending on the Province of New York in America. 1727, S. 67–71

Hintergrund: Dass die Irokesen in der Auseinandersetzung zwischen Engländern und Franzosen zu den zuerst Genannten hielten, war offensichtlich, auch wenn sie von sich aus keine Konfrontation mit den Franzosen suchten. In dem Jahr, in dem der irokesisch-englische Pakt geschlossen wurde, beschwerte sich General Joseph-Antoine de la Barre (1622–1688), der Gouverneur von Kanada, bei einem Zusammentreffen mit dem Onondaga-Häuptling Garangula über Unrecht der Irokesen gegen französische Händler und warf den Ureinwohnern vor, es mit England zu halten. Auf die Rede des Gouverneurs hin stand Garangula, damals schon in hohem Alter, auf, lief fünfmal im Kreis herum und hielt, an seinen Platz zurückgekehrt, die unten stehende Rede, nach deren Übersetzung sich De la Barre empört in sein Zelt begab.

Die Rede: Yonnondio,[15] ich ehre euch, und alle Krieger, die mit mir hier sind, ehren euch ebenfalls. Euer Dolmetscher hat eure Rede fertig übersetzt, ich fange nun mit meiner an. Meine Worte eilen, um eure Ohren zu erreichen, hört sie wohl.

Yonnondio, als ihr Quebec verließet, müsst ihr geglaubt haben, die Sonne habe alle Wälder verbrannt, die unser Land für Franzosen unzugänglich machen, oder die Seen seien so weit über ihre Ufer gestiegen, dass unsere Wehrdörfer vom Wasser umschlossen seien und wir nicht mehr aus ihnen herauskommen. Ja,

---

[15] Anrede der Irokesen für die Gouverneure von Kanada.

Yonnondio, das müsst ihr tatsächlich geträumt haben, und die Neugierde, ein solch großes Wunder zu sehen, hat euch bis hierher geführt. Nun sind euch die Augen aufgegangen, denn ich und die hier anwesenden Krieger sind gekommen, um euch zu versichern, dass die Seneca, Cayuga, Onondaga, Oneida und Mohawk immer noch am Leben sind. Ich danke euch in ihrem Namen, dass ihr das Kalumet, das eure Vorgänger aus ihren Händen erhalten haben, in ihr Land zurückgebracht habt. Zum Glück habt ihr das todbringende Beil unter der Erde gelassen, das so oft vom Blut der Franzosen gefärbt worden ist. Hört, Yonnondio, ich schlafe nicht und meine Augen sind weit geöffnet, und die Sonne, die mir leuchtet, lässt mich einen großen Hauptmann an der Spitze einer Kompanie Soldaten sehen, der spricht, als ob er träume. Er sagt, er sei nur hierher an den See gekommen, um mit den Onondaga das große Kalumet zu rauchen. Aber Garangula sagt, dass er genau das Gegenteil davon sieht, nämlich dass es Yonnondios Absicht war, den Onondaga zu schaden und dass er das auch tatsächlich getan hätte, wenn die Arme der Franzosen nicht durch Krankheit geschwächt worden wären.

Ich sehe Yonnondio wirres Zeug reden in einem Heerlager kranker Männer, deren Leben der große Geist gerettet hat, indem er sie mit Krankheit schlug. Höre, Yonnondio, unsere Frauen hätten ihre Keulen, unsere Kinder und unsere alten Männer ihre Bogen und Pfeile mitten in euer Lager hineingetragen, wenn unsere Krieger sie nicht entwaffnet und sie zurückgehalten hätten, als euer Bote Ohguesse[16] zu unseren Dörfern kam. So ist es geschehen, und so habe ich es gesagt. Hört, Yonnondio, wir haben keine Franzosen

---

[16] Ohguesse bzw. Akouessan nannten die Onondaga den Gesandten des Gouverneurs, Mr. Le Maine.

ausgeplündert, nur diejenigen, die den Iwiktie[17] und
den Chictaghick Gewehre, Pulver und Kugeln gebracht haben, weil uns diese Waffen möglicherweise
unser Leben gekostet hätten. Hierbei folgen wir dem
Beispiel der Jesuiten, die Löcher in alle Rumfässer
schlagen, die in unsere Siedlungen gebracht werden,
damit betrunkene Indianer ihnen nicht eins auf den
Kopf geben. Unsere Krieger haben nicht genug Biberfelle, um alle Waffen zu bezahlen, die sie an sich genommen haben und unsere Alten haben keine Angst
vor Krieg. Dieser Gürtel bewahrt meine Worte.[18]

Wir brachten die Engländer an unsere Seen, damit
sie mit den Utawawa[19] und den Quatoghie[20] Handel
treiben können, so wie die Adirondack[21] die Franzosen
zu unseren Siedlungen brachten, damit sie ebenfalls
Handel treiben, auch wenn die Engländer behaupten,
dies sei allein ihr Recht. Wir sind frei geboren, wir sind
weder von Yonnondio noch von Corlear abhängig.

Wir können gehen, wohin wir wollen, und mitnehmen, wen wir wollen, und kaufen und verkaufen, was
uns gefällt: Wenn eure Verbündeten eure Sklaven sind,
behandelt sie auch so und befehlt ihnen, keine anderen
Leute zu empfangen als eure. Dieser Gürtel bewahrt
meine Worte.

---

[17] Die hier Iwiktie genannte Gruppe waren die Twibwees d.h.
Miami, die im Südwesten von Michigan und in Westohio lebten. Von den Irokesen waren sie im Laufe des 17. und 18. Jahrhunderts von Wisconsin dorthin gedrängt worden.
[18] Gemeint ist der Wampumgürtel, in den Bilder und Muster
eingewebt wurden, um wichtige Informationen festzuhalten.
Innerhalb der Irokesen-Liga hatten die Onondaga die Aufgabe, den Wampum zu bewahren.
[19] Die Utawawa lebten an den Western Great Lakes.
[20] Die Quatoghie (Wyandot) lebten im Süden des Michigan-
sees.
[21] Die Adirondack lebten nördlich des St. Lorenz River und gehörten zur Algonkin-Sprachgruppe.

Wir gaben den Twihtwie[22] und Chictaghick einen Denkzettel, weil sie die Friedensbäume gefällt hatten, die die Grenzen unseres Landes waren. Sie haben auf unserem Land Biber gejagt: Sie haben dabei den Sitten aller Indianer zuwidergehandelt; denn sie haben keine Biber am Leben gelassen und sowohl männliche als auch weibliche Tiere getötet. Sie holten die Satanas[23] in ihr Land, um sich mit ihnen zu verbünden, nachdem sie üble Pläne gegen uns ausgeheckt hatten. Wir haben uns weniger zuschulden kommen lassen als Engländer und Franzosen, die die Gebiete so vieler indianischer Völker an sich gerissen und die Menschen aus ihrem eigenen Lande verjagt haben. Dieser Gürtel bewahrt meine Worte.

Hört, Yonnondio, aus mir spricht die Stimme aller *Five Nations*; hört, was sie antworten, öffnet eure Ohren für das, was sie sagen: Die Seneca, Cayuga, Onondaga, Oneida und Mohawk sagen, als sie das Kriegsbeil in Anwesenheit eures Vorgängers in Cadarackui[24] in der Mitte des Forts begraben haben, dass sie an der gleichen Stelle den Baum des Friedens gepflanzt haben, der sorgsam bewahrt werden solle, damit das Fort aus einem geschützten Lager für Soldaten zu einem Ort des Austausches für Händler werde; damit statt Waffen und Kriegsmunition dann nur Biberfelle und Handelswaren dorthin gebracht werden.

Hört, Yonnondio, sorgt in Zukunft dafür, dass der Friedensbaum, der in so einem kleinen Fort gepflanzt worden ist, von einer so großen Menge an Soldaten, wie sie hier versammelt sind, nicht erstickt wird. Es wäre ein großer Verlust, solltet ihr, nachdem er so leicht Wurzeln geschlagen hat, sein Wachstum beenden und verhindern, dass er euer und unser Land einmal mit

---

[22] Twihtwies (= Twibwees bzw. Miami).
[23] »Die Teufel«, Schimpfname für einen verfeindeten Stamm.
[24] Französisches Fort am Ontariosee.

seinen Zweigen beschirme. Ich versichere euch im Namen der *Five Nations*, dass unsere Krieger unter seinem Laubdach zu dem Kalumet des Friedens tanzen, ruhig auf ihren Matten bleiben und niemals das Kriegsbeil ausgraben werden, solange ihre Brüder Yonnondio und Corlear nicht entweder zusammen oder jeder für sich alleine einen Angriff gegen das Land unternehmen, das der große Geist ihren Vorfahren gegeben hat. Dieser Gürtel bewahrt meine Worte, und dieser andere bezeugt die Vollmacht, die die *Five Nations* mir erteilt haben.

[Dann wandte sich Garangula an Monsieur Le Maine und sagte:]
Nur Mut, Ohguesse, ihr habt Geist, sprecht, erläutert meine Worte, vergesst nichts, sagt Yonnondio, eurem Gouverneur, alles, was eure Brüder und Freunde sagen durch den Mund Garangulas, der euch liebt und der wünscht, dass ihr dieses Biberfell als Geschenk annehmt und zu Gast seid bei dem Festmahl, zu dem ich euch einlade. Dieses Biberfell übersende ich an Yonnondio als Geschenk der *Five Nations*.

9. Unbekannter Häuptling
(Susquehannock), nach 1706

Textvorlage: Helen Hunt Jackson: A Century of Dishonour. A Sketch of the United States Government's Dealings with Some of the Indian Tribes. New York 1881, S. 300–301

Hintergrund: Die Susquehannock, nach ihrem Hauptort westlich von Philadelphia auch Conestoga genannt, wohnten am Susquehanna, der mit einer Länge von 700 km durch New York, Pennsylvania und Maryland fließt, und gehörten zur Irokesen-Sprachfamilie, mit den *Five Nations* jedoch waren sie verfeindet. Von diesen nach Süden gedrängt, befanden sie sich in ständigen Auseinandersetzungen mit den Powhatan, über die sie mit der Zeit die Oberherrschaft erlangten. 1615 bekamen sie Kontakt mit französischen, dann auch mit niederländischen und englischen, schließlich mit schwedischen Siedlern und nahmen einen regen Pelzhandel auf. Ein Schwede war wohl auch der erste Missionar, der den Stamm aufsuchte. Die Antwort auf seine Ausführungen war die unten stehende Rede, die den Missionar so beeindruckt haben soll, dass er sie in lateinischer Sprache niederschrieb, weshalb mit erheblichen Veränderungen zu rechnen ist. Da sie unter den Indianerstämmen zu den besonders geschickten Fallenstellern gehörten, überjagten sie ihr eigenes Gebiet und rotteten, wie allerdings auch andere Stämme, die Biber aus. In den darauf ausbrechenden Biberkriegen ab 1630 wurden ihre Verbündeten, die Huronen/Wyandot, dann die Erie vernichtet, und sie selbst wurden nach Süden gedrängt, später an den Potomac River. Zwei Pockenepidemien 1661 und 1667 hatten den Stamm inzwischen erheblich verkleinert. Nach blutigen Auseinandersetzungen mit Siedlern zogen sie wiederum nach Norden und wurden von den Irokesen als ihren neuen Oberherren in ein Siedlungsgebiet zwischen den Mohawk und Oneida gewiesen.

Erst um 1706 durften sie wieder in ihr früheres Dorf Conestoga in Pennsylvania zurückkehren. Dort besuchte 1704 der Quäker-Prediger Thomas Challey den Stamm und predigte von der Erbsünde.

Die Mission der Quäker spaltete am Ende den Ort, und wer sich nicht anschloss, zog weg. 1763, während des Pontiac-Krieges, wurde das Dorf Conestoga von aufgebrachten Weißen zerstört, und die Reste des Stammes der Susquehannock wurden gänzlich vernichtet.

Die Rede: Unsere Vorväter waren (so wie wir) der festen Überzeugung, dass, wer in diesem Leben Gutes tut, im nächsten Leben dem Grad seiner Tugendhaftigkeit entsprechend belohnt wird, und andererseits, wer Böses tut, im Jenseits Strafen erleidet, die dem Ausmaß der Übeltaten entsprechen, derer er sich schuldig gemacht hat. Dies wurde Generationen lang von all unseren Vorfahren stets und ständig als feststehende Wahrheit erfahren und betrachtet. Somit kann es nicht nur ausgedacht worden sein; denn was Menschen sich ausdenken, und sei es noch so klug und fein ersonnen, vermag bei Menschen, denen es gestattet ist, alles frei zu erkunden und zu prüfen – und dies war unseren Vorfahren nie verwehrt gewesen – niemals über längere Zeit hinweg seine Glaubwürdigkeit bewahren.

Nun möchten wir einige Fragen stellen. Glaubt er, dass unsere Vorväter – Männer von beispielhafter Frömmigkeit, gütig und beständig in ihrem Streben nach Tugend und in der Hoffnung lebend, hierdurch in die ewige Seligkeit einzugehen – allesamt für die Hölle bestimmt waren? Glaubt er, dass wir, die wir eifrige Nachahmer ihrer guten Taten sind und von denselben Überzeugungen getragen werden, wir, die wir uns ernsthaft und mit der größten Sorgfalt bemühen, den Weg der Rechtschaffenheit zu beschreiten, ebenfalls der Verdammnis anheimgegeben sind? Wenn das seine

Meinung ist, so ist diese wahrlich so pietätlos wie anmaßend und verwegen.

Nur einmal angenommen, einige unserer Vorväter hätten abscheuliche Freveltaten begangen, Untaten, wie sie – so ist es uns zu Ohren gekommen – von einem gewissen Volk einer anderen Rasse begangen worden sind. In einem derartigen Fall würde Gott den Verbrecher mit Sicherheit bestrafen, aber uns, die wir unschuldig sind, würde er doch keinesfalls in diese Bestrafung mit einbeziehen. Wer anders denkt, macht aus dem Allmächtigen dadurch zwangsläufig ein sehr launisches Wesen mit einem schlechten Charakter.

Noch einmal: Sind die Christen tugendhafter oder sind sie nicht vielmehr lasterhafter, als wir das sind? Und wenn es zuträfe, dass sie lasterhafter sind, wie kommt es, dass Gottes Güte auf sie nur so herabströmt, während wir vergessen werden? Gewährt er denn seine Gnade Tag um Tag so ganz ohne jede Voraussetzung und so voreingenommen? Kurz und gut, wir halten die Christen für moralisch sehr viel niedriger stehend als uns, und wir ziehen Verbindungen zwischen ihrer Lehre und der Verderbtheit ihres Lebenswandels.

10. Unbekannter Häuptling
(Irokesen), 1744

Textvorlage: Samuel G. Drake: Biography and History of the Indians of North America, from its first Discovery. Boston 111851, S. 41

Hintergrund: Die unten stehende Rede, die von einem namentlich nicht genannten Irokesen anlässlich eines Treffens zwischen Vertretern der *Five Nations* mit denen der Regierung von Virginia gehalten wurde, hat Benjamin Franklin überliefert. Die Regierung von Virginia hatte angeboten, einige junge irokesische Männer auf ein englisches College zu schicken.

Die Rede: Wir wissen, dass ihr die Art Wissen, die an diesen Hochschulen vermittelt wird, für sehr wertvoll haltet und dass der Unterhalt unserer jungen Männer während ihres Aufenthalts bei euch sehr kostspielig für euch wäre. Wir zweifeln deshalb nicht daran, dass ihr uns mit diesem Vorschlag etwas Gutes tun wollt, und wir danken euch von Herzen dafür. Aber weise, wie ihr seid, müsst ihr wissen, dass unterschiedliche Völker auch unterschiedliche Auffassungen der Wirklichkeit haben; und ihr werdet es daher nicht falsch verstehen, wenn unsere Vorstellungen von dieser Art Erziehung nicht dieselben sind wie eure. Wir haben bereits einige Erfahrungen damit gesammelt: Es ist schon ein paar Mal vorgekommen, dass junge Leute von uns Hochschulen in den nördlichen Provinzen besucht haben; sie wurden in all euren Wissenschaften unterrichtet, aber als sie zu uns zurückkamen, waren sie schlechte Läufer, sie wussten gar nicht, was man für das Leben in den Wäldern braucht, sie waren unfähig, Kälte oder Hunger zu ertragen, wussten nicht, wie man eine Hütte baut, Wild erlegt oder einen Feind tötet, sprachen unsere Sprache nur noch unvollkommen und waren deshalb weder als Jäger noch als Krieger noch als Berater geeignet, sie waren schlichtweg zu gar nichts mehr zu gebrauchen. Auch wenn wir euer freundliches Angebot ablehnen, so sind wir euch deshalb doch nicht weniger zu Dank dafür verpflichtet: und, um unsere Dankbarkeit zu zeigen, so werden wir, wenn die Herren aus Virginia uns ein Dutzend ihrer Söhne schicken wollen, diesen eine sehr sorgfältige Erziehung angedeihen lassen, wir werden sie in allem unterrichten, was wir wissen und Männer aus ihnen machen.

11. THANAYEISON (IROKESE), 1748

Textvorlage: Henry M. Schoolcraft: Historical and Statistical Information respecting History, Condition and Prospects of the Indian Tribes of the United States. Vol. IV, Philadelphia 1857, S. 256

Hintergrund: Die unten stehende Rede hielt ein Irokese aus einem der westlichen Stämme an den Forschungsreisenden Konrad Weiser (1696–1760) in Kaskaskia, einem Ort am Mississippi (später die erste Hauptstadt von Illinois). Weiser stammte aus Württemberg, war bereits sehr jung nach Amerika gekommen und heiratete 1724 eine Häuptlingstochter aus dem Stamm der Mohawk. Er lernte ihre und weitere Indianersprachen und lebte in Pennsylvania. Weiser war mit vielen Irokesen befreundet. Er vermittelte wichtige Verträge und Freundschaftsschlüsse. 1748 hielt Weiser eine Versammlung von Häuptlingen aus zehn Stämmen in Logstown ab, darunter neben den Irokesen auch Delaware und Shawnee. Die Irokesen und besonders die Mohawk vertrauten ihm, daher richtete ein Häuptling nach einem Zwischenfall an ihn die unten stehende Rede.

Die Rede: Brüder, als ihr in Albany angekommen seid und wir uns zum ersten Mal sahen, reichten wir uns die Hände und wurden Brüder. Wir banden euer Schiff an das Strauchwerk. Als wir öfter mit euch zu tun hatten und immer öfter, da sahen wir, dass die Sträucher euer Schiff nicht halten konnten, da banden wir es an einen großen Baum, und seit dieser Zeit sind wir gute Freunde.

Dann sagtet ihr uns, ein Baum könne möglicherweise umstürzen und das Seil zum Anbinden könne vermodern.

Ihr schlugt dann vor, eine silberne Kette zu schmieden und euer Schiff an den großen Berg im Land der

Five Nations zu ketten; und diese Kette wurde »Die Kette der Freundschaft« genannt.

Wir alle sind über unsere Arme mit dieser silbernen Kette verbunden, wir sind nun eins, und seitdem haben wir ein gutes Miteinander gepflegt. Aber bei eurem Besuch hier bei uns müssen wir euch leider von einem Unglück berichten, das sich vor Kurzem in Carolina ereignet hat. Ein paar Krieger von uns haben, aufgestachelt durch den bösen Geist, einen Beilhieb gegen unseren eigenen Körper geführt – denn unsere Brüder, die Engländer, und wir sind ein Körper – und was da geschehen ist, das verabscheuen wir zutiefst als eine Tat des bösen Geistes selbst.

Wir hätten niemals geglaubt, dass jemand aus unserem Volk imstande sein könnte, einem Engländer so etwas zuzufügen. Wir nehmen deshalb die Waffe, die auf Betreiben des bösen Geistes gegen euren Körper geführt wurde, aus der Wunde heraus und wir wünschen uns, dass unsere Brüder, der Gouverneur von New York[25] und Onas,[26] wirklich alles tun, was ihnen zu Gebote steht, dass dieses unglückselige Ding in der untersten Hölle begraben wird, damit wir es nie wieder zu Gesicht bekommen, damit die silberne Kette, die schon so lange gehalten hat, wieder glänzt und unbeschädigt bleibt.

---

[25] Gouverneur von New York war 1748 George Clinton (1686–1761).
[26] Onas war der Name der Indianer für William Penn und alle nachfolgenden Gouverneure von Pennsylvania, abgeleitet von Onas (= Federkiel, engl.: Quill Pen).

12. Minavavana (Anishinabe), 1761

Textvorlage: Benjamin Bussey Thatcher. Indian Life and Battles. Akron 1910, S. 78–80.

Hintergrund: Die Anishinabe, auch Chippeway oder Ojibwa genannt, lebten im Nordosten der späteren USA und im Südosten Kanadas und gehören zur Algonkin-Sprachfamilie; noch etwa 30000 Menschen sprechen die traditionelle Sprache. Sie waren mit den Ottawa und den Potawatomi im sogenannten Rat der drei Feuer zusammengeschlossen, in den später noch die Miami aufgenommen wurden und der neben den *Five Nations* einen der bedeutendsten Bünde der amerikanischen Ureinwohner darstellte. Die Anishinabe bedienten sich einer Bilderschrift für verschiedene Zwecke. Zu Beginn des 17. Jahrhunderts trafen sie zum ersten Mal mit Weißen zusammen. Damals umfasste ihr Stamm etwa 35000 Menschen. In den Kriegen zwischen Engländern und Franzosen standen sie auf der Seite Frankreichs.

Adressat der unten stehenden Rede ist Alexander Henry (1739–1824), der im Krieg die englischen Truppen mit Nachschub versorgt und anschließend eine Lizenz zum Pelzhandel erworben hatte. Als er auf dem Weg in sein Jagdgebiet auf die Anishinabe traf, gab er sich als Franzose aus, wurde aber von deren Häuptling Minavavana, auch Minweweh genannt (um 1710–1790), überführt.

Nach Meinung mancher Historiker stammt die Rede in Wirklichkeit vielleicht von dem Ottawa-Häuptling Pontiac.

1763 verbündeten sich die Anishinabe mit den Ottawa, 1812 mit den Shawnee unter Tecumseh. Später zogen sie weiter nach Westen und ließen sich im Gebiet der Dakota nieder, die sie vertrieben. Dank der Größe ihres Stammes konnten sie immerhin überleben, der Stamm verfügt heute über mehr als 40000 Mitglieder, die zum größten Teil in Reservaten leben.

Die Rede: Engländer! Zu Dir spreche ich, und ich verlange, dass Du mir zuhörst!

Engländer! Du weißt, dass der französische König[27] unser Vater ist. Er hat versprochen, es zu sein, und wir haben dafür versprochen, seine Kinder zu sein. Dieses Versprechen haben wir gehalten.

Engländer! Ihr habt einen Krieg mit unserem Vater angezettelt. Ihr seid seine Feinde, wie konntet ihr dann nur so keck sein, euch unter uns, seine Kinder, zu wagen? Ihr wisst, dass seine Feinde auch unsere Feinde sind.

Engländer! Wir sind darüber unterrichtet, dass unser Vater, der König von Frankreich, alt und gebrechlich ist und dass er, müde vom Kriegführen gegen euer Volk, eingeschlafen ist. Und in seinem Schlafe habt ihr ihn übervorteilt und Kanada in Besitz genommen. Doch sein Schlaf ist fast zu Ende. Ich glaube, ich höre schon, wie er sich regt und nach seinen Kindern, den Indianern, fragt – und wenn er aufwacht, was wird dann aus euch? Er wird euch ganz und gar vernichten.

Engländer! Wenn ihr auch die Franzosen bezwungen habt, so habt ihr doch uns noch lange nicht bezwungen! Wir sind nicht eure Sklaven. Die Seen, die Wälder und die Berge hier haben wir von unseren Ahnen erhalten. Sie sind unser Erbe, und wir werden sie niemand anderem überlassen. Euer Volk glaubt, dass wir nicht ohne Brot und Schweine- oder Rindfleisch leben können wie die Weißen! Aber ihr solltet wissen, dass Er – der große Geist und Herr allen Lebens – Nahrung für uns bereithält in den weiten Seen und hoch auf den Bergen.

Engländer! Unser Vater, der König von Frankreich, benützte unsere jungen Männer, um Krieg gegen euer Volk zu führen. In diesen Kämpfen wurden viele von ihnen getötet, und es ist bei uns Sitte, die Erschlagenen

---

[27] Zu diesem Zeitpunkt Ludwig XV., Kg. 1715–1774.

zu rächen, bis ihre Geister zufriedengestellt sind. Nun
können die Geister der Erschlagenen auf zwei verschiedene Arten zufriedengestellt werden. Die erste Mög-
lichkeit ist, Blut zu vergießen bei dem Volk, von dem
sie getötet worden sind, das andere Mittel, das auch
den Groll der Angehörigen etwas besänftigen kann, ist
es, die Körper der Toten zu bedecken.[28]

Engländer! Nie hat uns euer König irgendwelche
Geschenke übersandt geschweige denn jemals einen
Vertrag mit uns geschlossen, weshalb er und wir immer noch im Kriegszustand sind; und bis er dies tut,
müssen wir davon ausgehen, dass wir keinen anderen
Vater oder Freund unter den Weißen haben als den König von Frankreich. Aber was dich betrifft, so haben
wir dir zugutegehalten, dass du dich unter Lebensge-
fahr hierher zu uns gewagt hast in der Erwartung, dass
wir dir nichts zuleide tun. Du kommst ohne Waffen
und nicht in der Absicht, gegen uns zu kämpfen. Du
kommst friedlich, um mit uns Handel zu treiben und
uns mit den lebensnotwendigen Waren zu versorgen,
an denen es uns sehr mangelt. Wir werden dich deshalb als Bruder betrachten, und du kannst ruhig schlafen, ohne von den Chippeway etwas befürchten zu
müssen. Als Zeichen der Freundschaft schenken wir
dir diese Pfeife, damit du rauchen kannst.

---

[28] »Die Körper der Toten bedecken« bedeutet, Geschenke zur
Entschädigung zu geben.

13. PONTIAC I (OTTAWA), 27. APRIL 1763

Textvorlage: Norman B. Wood. Lives of Famous Indian Chiefs, Aurora (Illinois) 1906, S. 133–136

Hintergrund: Die Ottawa, eigentlich Odawa, lebten am Nordufer des Huronsees, im Gebiet der jetzigen kanadischen Provinz Ontario. Ihre Sprache ist ein Ojibwa-Dialekt und gehört insofern zur Algonkin-Familie. Ihrer eigenen Überlieferung nach waren sie von Turtle Island dorthin gekommen. Die Odawa unterhielten ein weites Handelsnetz in Nordamerika, was sie allerdings nicht davon abhielt, viele Kriege mit anderen Stämmen zu führen. Die mit ihnen verbündeten Huronen wurden in den 1640er-Jahren von den Irokesen, die das Monopol im Pelzhandel anstrebten, vernichtet.

Wie andere Stämme wurden auch die Odawa in einige der englisch-französischen Kriege hineingezogen, die im 17. und 18. Jahrhundert als French and Indian Wars in den Kolonien ausgetragen wurden: 1689–1697 King William's War (Frankreich gegen England und die Irokesen), 1702–1713 Queen Anne's War, 1740–1748 King George's War und 1754–1763 der French and Indian War.

Pontiac (um 1720–1769) war der Sohn eines Ottawa und einer Anishinabe und wurde um 1720 in Gebiet von Ohio geboren. Er kämpfte auf französischer Seite im King-George-Krieg und im French and Indian War.

Wie Tecumseh nach ihm, sah er die Notwendigkeit des Zusammenschlusses aller Ureinwohner, wenn der weiße Vormarsch nach Westen überhaupt gestoppt werden sollte. Pontiac wurde Führer des größten Bündnisses der amerikanischen Ureinwohner.

In einer Ratsversammlung der Ottawa, Potawatomi und Huron in der Nähe von Fort Detroit rief Pontiac die Stämme zum gemeinsamen Krieg auf und hielt die unten stehende Rede. Sie endet mit der Schilderung des Traumes des indianischen Propheten Neolin, genannt »Der Wolf«, dessen Lehre sich Pontiac angeschlossen hatte.

Im April 1763 planten die Ottawa mit den Anishinabe, unterstützt von den Delaware, Illinois, Kickapoo, Miami, Potowatomi, Seneca, Shawnee und Wyandot, einen gleichzeitigen Überfall auf alle englischen Militärlager in ihrer Reichweite. Unter Pontiacs Führung gelang es den Indianern überraschenderweise, die meisten britischen Forts an der Grenze zu erobern. Pontiac selbst nahm bei dieser konzertierten Aktion an der Belagerung von Detroit teil, die aber angeblich von einer Anishinabe einem befreundeten Engländer verraten worden war. Die Belagerung gestaltete sich daher schwierig. Der Frieden zwischen England und Frankreich, in dem Frankreich England große Teile des Algonkin-Gebietes zugestand, beendete die Hoffnungen der Ureinwohner auf die Rückeroberung ihres Landes. Deshalb schloss Pontiac nach einigen vergeblichen Kämpfen gegen die Briten 1765 wie die meisten beteiligten Stämme mit den Engländern einen Friedensvertrag.

Die Kehrtwende in seiner Politik, die von nun an ganz auf den Frieden mit England gerichtet war, ließ die meisten seiner bisherigen Anhänger von ihm abfallen. Ohnehin für seine Umwelt manchmal schwer zu verstehen, zerstritt er sich mit vielen. In einer Auseinandersetzung griff er den Illinois-Häuptling Makatchinga tätlich an, allerdings ohne ihn zu töten. Dennoch zog sich Pontiac durch diese Tat den Hass des Stammes zu, von dessen Mitgliedern ihn im April 1869 eines mit dem Beil erschlug.

Die Rede: Es ist Zeit, meine Brüder, dass wir dieses Volk, das einzig und allein unseren Tod zum Ziel hat, nicht mehr in unserem Lande dulden. Ihr alle müsst euch darüber im Klaren sein, dass wir unseren Bedarf nicht mehr so decken können, wie wir es unter unseren Vätern, den Franzosen, gewohnt waren. Die Engländer verkaufen uns ihre Waren doppelt so teuer wie damals die Franzosen, und doch taugen ihre Waren nichts;

denn kaum haben wir eine Wolldecke oder dergleichen gekauft, um uns damit zuzudecken: wenn es heißt, ins Winterlager zu ziehen, brauchen wir schon wieder neue Decken. Auch wollen sie uns nicht auf Kredit kaufen lassen wie unsere Brüder, die Franzosen, es uns gestatten. Wenn ich den englischen Hauptmann besuche und ihm berichte, dass Leute von uns gestorben sind, trauern er und seine Leute nicht etwa mit uns, wie die Franzosen das taten, sondern machen sich über uns lustig. Wenn ich ihn um etwas für unsere Kranken bitte, weigert er sich, es zu geben und sagt uns stattdessen, wir könnten ihm gestohlen bleiben, was deutlich zeigt, dass er uns den Tod wünscht. Wir müssen die Engländer deshalb so bald wie möglich töten; es gibt nichts, was uns davon abhalten könnte; es sind ja nur wenige und wir werden sie leicht überwältigen – warum sollten wir sie nicht angreifen? Sind wir nicht Männer? Habe ich euch nicht die Gürtel gezeigt, die ich von unserem Großen Vater, dem König von Frankreich, bekommen habe? Er möchte, dass wir losschlagen – warum sollten wir nicht auf seine Worte hören? Wovor habt ihr Angst? Die Zeit ist gekommen. Fürchtet ihr, dass unsere französischen Brüder, die unter uns leben, uns daran hindern werden? Sie kennen unsere Pläne nicht, und selbst wenn sie sie kennten, würden sie sie durchkreuzen können? Ihr wisst so gut wie ich, dass die Engländer, als sie über unsere Länder herfielen, um unseren Vater Bellestre[29] zu vertreiben, den Franzosen alle ihre Waffen abgenommen haben, sodass sie nun keine Gewehre mehr haben, um sich zu verteidigen. Deshalb ist jetzt der richtige Zeitpunkt, lasst uns losschlagen! Sollten irgendwelche Franzosen für die Engländer Partei ergreifen, sollten wir sie niederkämpfen

---

[29] François-Marie Picoté de Belestre (1716–1793), der letzte französische Kommandant von Fort Ponchartrain/Fort Detroit (bis 1760).

wie die Engländer. Ich habe Gürtel und Reden an unsere Freunde, die Chippeway von Saginaw,[30] an unsere Brüder, die Ottawa von Michilimacinac[31] und an die vom Rivière à La Tranche [dem Fluss Thames] geschickt und sie eingeladen, sich mit uns zusammenzutun, und sie werden damit nicht lange zögern. Inzwischen lasst uns losschlagen. Wir haben jetzt keine Zeit mehr zu verlieren, und wenn wir die Engländer besiegt haben, werden wir die Wege blockieren, sodass sie nicht mehr in unsere Länder zurückkehren können.

[Er versicherte ihnen auch, dass die Indianer und ihre französischen Brüder Seite an Seite gegen den gemeinsamen Feind kämpfen würden, wie sie das schon in früheren Jahren am Monongahela getan hätten, wo bei der blutigen Niederlage die Fahnen der Engländer zertreten worden seien. Nachdem der Redner seine Zuhörerschaft zu glühendem Zorn angestachelt hatte, beruhigte er sie schnell wieder mit der Geschichte des Propheten aus Delaware, dem in einem Traum gesagt wurde, wenn er nur lange genug in eine bestimmte Richtung reisen würde, würde er endlich zum Wohnsitz des »Großen Geistes«, des Herrn des Lebens gelangen:][32]

Nach vielen Tagen des Reisens voller seltsamer Vorkommnisse sah er ein gewaltiges, glänzend weißes Gebirgsmassiv vor sich, aber es war so steil, dass er schon aus Verzweiflung umkehren wollte. Da erschien eine schöne weiß gekleidete Frau und sprach zu ihm: »Wie kannst du nur meinen, dass dir dein Vorhaben gelingen kann, so schwer beladen, wie du bist? Geh zum Fuße des Berges, wirf dein Gewehr, deine Munition, deine Vorräte und deine Kleider weg und wasche dich

---

[30] Saginaw in Michigan.
[31] Ebenfalls in Michigan.
[32] Bei dem eingeklammerten Abschnitt handelt es sich um eine Zusammenfassung von Norman Wood.

in dem Bach, der dort fließt, dann wirst du bereit sein, vor den Herrn des Lebens zu treten.« Der Indianer gehorchte und begann erneut mit seinem Aufstieg zwischen den Felsen. Die Frau, die sah, dass er immer noch mutlos war, lachte über seine mangelnde Zuversicht und sagte, wenn er wolle, dass ihm der Aufstieg gelänge, dürfe er nur eine Hand und einen Fuß zum Klettern benützen. Nach großen Mühen und Plagen erreichte er so schließlich den Gipfel. Die Frau war verschwunden, er war allein. Eine schöne fruchtbare Ebene lag vor ihm, und in einiger Entfernung sah er drei große Dörfer, viel schöner als alle, die er jemals bei irgendeinem Stamm gesehen hatte. Als er sich dem größten von ihnen näherte, blieb er zögernd stehen und wusste nicht, ob er hineingehen sollte. Da trat ein prächtig gekleideter Mann heraus, nahm ihn bei der Hand und hieß ihn in der himmlischen Wohnstatt willkommen. Dann führte er ihn hin vor den Großen Geist, und der Indianer stand da, verwirrt durch den unaussprechlichen Glanz, der ihn umgab. Der Große Geist gebot ihm, Platz zu nehmen und sprach zu ihm folgendermaßen: »Ich bin der Schöpfer des Himmels und der Erde, der Bäume, Seen, Flüsse und aller anderen Dinge. Ich habe auch die Menschen erschaffen; und weil ich euch liebe, müsst ihr meinen Willen erfüllen. Das Land, auf dem ihr lebt, habe ich für euch erschaffen, nicht für andere. Warum erlaubt ihr dem weißen Mann, unter euch zu wohnen? Meine Kinder, ihr habt die Sitten und Traditionen eurer Vorväter vergessen. Warum kleidet ihr euch nicht in Häute, so wie es eure Ahnen taten, und verwendet Pfeil und Bogen und Lanzen mit Steinspitzen wie sie? Ihr habt vom weißen Mann Gewehre gekauft, Messer, Kessel und Wolldecken, so lange, bis ihr nun nicht mehr ohne diese Dinge auskommt; und, schlimmer noch, ihr habt das giftige Feuerwasser getrunken, das Narren aus euch macht. Werft alle diese Dinge weg und lebt so, wie eure weisen Vorväter vor euch gelebt haben. Und gegen diese Engländer, diese rot gekleideten Hunde, die gekommen sind, um euch eure Jagdgründe zu rauben und das Wild zu vertreiben, müsst ihr das Kriegsbeil erheben. Löscht sie aus vom Angesicht der Erde, dann werdet ihr meine Gunst wiedergewinnen und wieder glücklich sein, und es wird euch wieder gut gehen. Die Kinder eures großen Vaters, des Königs von Frankreich, sind nicht wie die Engländer. Vergesst nie, dass sie eure Brüder sind. Sie sind mir lieb und teuer, weil sie die roten Menschen lieben und wissen, wie ich wirklich verehrt werden möchte.«

14. Pontiac II (Ottawa), 23. Mai 1763

Textvorlage: Norman B. Wood. Lives of Famous Indian Chiefs, Aurora (Illinois) 1906, S. 151–152

Hintergrund: Die Belagerung von Detroit war für die Indianer eine kaum lösbare Aufgabe, da sie die Versorgung der Belagerer nicht sicherstellen konnten und immer mehr von ihnen aufgaben und weggingen. In dieser Situation bat Pontiac, in seinem ganzen bisherigen Leben ein Freund der Franzosen, mit der unten stehenden Rede französischen Händler und Siedler in der Nähe, ihm für die Wohltaten, die er ihnen schon gewährt hatte, seinerseits Hilfe zu leisten, und versprach Schadenersatz für die von seinen Leuten begangenen Plünderungen.

Die Rede: Ich zweifle nicht, meine Brüder, dass dieser Krieg für euch viele Unannehmlichkeiten mit sich bringt, da unsere Krieger immer wieder durch eure Siedlung hin und zurück reiten. Das tut mir leid. Denkt nicht, ich hieße den Schaden gut, den sie anrichten; und als Beweis dafür erinnert euch an den Krieg gegen die Fox[33] und die Rolle, die ich dabei spielte. Es ist nun 17 Jahre her, seit die Ojibwa von Michilimackinac zusammen mit den Sauk[34] und Fox herunterzogen, um euch zu vernichten. Wer verteidigte euch damals? Waren das nicht ich und meine jungen Männer? Mickinac, der große Häuptling all dieser Völker, sagte im Rat, dass er den Kopf eures Kommandanten in sein Dorf bringen würde – dass er sein Herz essen und sein Blut trinken

---

[33] Die Fox, ein Stamm der Algonkin-Sprachfamilie, lebten im Gebiet des heutigen Wisconsin und wichen später vor mächtigeren Stämmen nach Illinois und Iowa aus.
[34] Näheres zu ihnen in der Einleitung zur Rede von Keokuk.

würde. Ergriff ich nicht Partei für euch? Ging ich nicht zu seinem Lager und sagte ich ihm nicht, wenn er die Franzosen töten wolle, dass er zuerst mich und meine Krieger töten müsse? Half ich euch nicht, die Indianer aufzuspüren und zu vertreiben? Und nun denkt ihr, ich würde meine Waffen gegen euch erheben! Nein, meine Brüder, ich bin immer noch der französische Pontiac, der euch vor 17 Jahren half. Ich bin Franzose und als Franzose möchte ich sterben; und ich wiederhole hiermit, ihr und ich, wir sind eins, das heißt, dass ich es nicht nur rächen würde, wenn meine Belange verletzt würden, sondern auch wenn euch das geschähe. Ihr könnt mich jetzt alleine kämpfen lassen. Ich bitte euch nicht um Unterstützung, denn ihr könnt sie nicht geben. Ich bitte euch nur um Proviant für mich und meine Männer. Wenn ihr mir jedoch beistehen wollt, werde ich euch nicht zurückweisen. Es würde mich erfreuen, und auch ihr selbst würdet eure Sorgen früher los sein; denn ich verspreche euch, dass wir umso schneller in unsere Dörfer zurückgehen werden, um dort die Ankunft unseres französischen Vaters zu erwarten, je schneller die Engländer vertrieben sind. Ihr habt gehört, was ich zu sagen habe; habt keine Angst, ich werde dafür sorgen, dass euch kein Unrecht getan wird, weder von meinen Männern noch von den anderen Indianern.

15. RED HAWK (SHAWNEE), 12. NOVEMBER 1764

Textvorlage: Samuel G. Drake: Biography and History of the Indians of North America, from its first Discovery. Boston 111851, S. 695

Hintergrund: Die Shawnee lebten am Tennessee River und bildeten den südlichsten Stamm der Algonkin-Sprachfamilie. Ihrer eigenen Überlieferung nach betrachteten sie sich als Nachkommen der Delaware. Mit ihren Nachbarn, den Cherokee und Catawba verfeindet, zogen sie im 17. Jahrhundert an den Ohio-River zu ihren Verwandten, den Delaware, mit welchen sie ein Bündnis schlossen. Beide Stämme wurden jedoch von den Irokesen unterworfen und als Vasallenvölker behandelt. Dennoch schlossen sie sich wiederum eng mit den irokesisch sprechenden Mingo zusammen.

Im *French and Indian War* standen sie auf der Seite der Franzosen, doch arrangierten sie sich 1758 mit den Engländern, einige von ihnen allerdings schlossen sich 1764 dem Aufstand Pontiacs an. Zu diesen Anhängern Pontiacs gehörte Red Hawk. Ihm war die Bestürmung von Fort Pitt, dem späteren Pittsburgh, übertragen worden, doch er scheiterte ebenso wie Pontiac in Detroit.

Nach der Niederlage der Franzosen im French and Indian War 1763 fanden sich auch die übrigen Shawnee mit den englischen Kolonisten ab, auf deren Seite sie gegen die Unabhängigkeitsbewegung kämpften. Der Friedensschluss mit den Engländern 1764 war der Anlass für die unten stehende Rede, die Red Hawk an den englischen Kommandanten Henry Bouquet (1719–1765) richtete.

Mit dem Vertrag von Fort Stanwix 1768 (zwischen Engländern und Irokesen) waren die Shawnee nicht einverstanden, da die Irokesen darin die Jagdgründe der Shawnee den Engländern zusprachen. Nach einem kurzen Krieg, in dem es den Engländern gelang, die Shawnee zu isolieren, indem sich andere Stämme neutral verhielten, mussten sie allerdings nachgeben. Im Unabhängigkeitskrieg teilte sich der Stamm, indem ein Teil neutral blieb, ein anderer sich auf die Seite Englands schlug. Weiteres Land verloren die Shawnee 1795 im Vertrag von Greenville, sodass sie nach Missouri ziehen mussten.

Die Rede: Bruder, höre auf uns, eure jüngeren Brüder. Da wir sehen, wie eure Augen von Verdruss getrübt sind, möchten wir dafür sorgen, dass sie wieder hell werden. Ihr habt schlechten Geschichten über uns Glauben geschenkt. Wir reinigen eure Ohren, damit ihr sodann besser hört. Wir möchten alles Schlechte aus eurem Herzen entfernen, damit ihr genauso gut sein könnt wie eure Vorfahren. [Red Hawk übergibt dem Colonel einen Gürtel.] Wir sahen euch kommen mit einem erhobenen Tomahawk in der Hand. Wir nehmen euch das Beil nun ab und werfen es in die Höhe zu Gott. Möge er damit tun, was ihm beliebt. Wir hoffen, dass wir es nie mehr wieder sehen. Bruder, ihr seid ein Krieger, so nehmt dies als Kette der Freundschaft [Er überreicht ihm einen zweiten Gürtel] und lasst uns nie mehr an Krieg denken, um unserer alten Männer, um der Frauen und Kinder willen. Denn auch wir sind Krieger.

16. Unbekannter Häuptling
(Dakota), um 1767

Textvorlage: Jonathan Carver: Travels through the Interior Parts of North America in the Years 1766, 1767 und 1768. London 31781, S. 399–400

Hintergrund: Die unten stehende Trauerrede auf ein verstorbenes Stammesmitglied durfte der Forschungsreisende Jonathan Carver, der als erster Engländer die Gegend des heutigen Minnesota besuchte, 1767 bei den Dakota, der östlichen Gruppe des Sioux-Stammes, hören und schrieb sie auf.

Carver selbst bezeichnet den Stamm mit dem ungewöhnlichen Namen Naudowessie. Diese Form ist die französische Aussprache des Wortes Nadowe-is-iw (kleine Natter), mit dem die Chippeway einige Dakota benannt hatten. Damit meinten sie, dass die Dakota die kleinen Feinde seien im Gegensatz zu den großen Feinden, nämlich der Irokesen-Liga.

Die Dakota lebten in der Mitte zwischen den Ozeanen im Norden der heutigen USA.

Die Rede: Du sitzt noch hier unter uns, Bruder, deine Gestalt besitzt noch immer ihr bisheriges Aussehen, sie ist noch immer der unseren ähnlich und nichts scheint zu fehlen, außer dass sie die Kraft zur Tat verloren hat. Wohin ist nur der Atem entschwunden, der noch vor wenigen Stunden Rauch zum Großen Geist hinaufgesandt hat? Warum schweigen diese Lippen, die gerade noch mit Nachdruck und Liebe zu uns gesprochen haben? Warum sind diese Füße nun so starr, die sich noch vor Kurzem flinker als das Wild auf den Bergen dort drüben bewegten? Warum hängen diese Arme jetzt nutzlos herunter, die einmal den höchsten Baum erklimmen oder den stärksten Bogen spannen konnten?

Ach! Jeder Teil des Körpers, den wir eben noch mit Staunen und Bewunderung betrachteten, ist nun so leblos wie dreihundert Winter vor unserer Zeit. Aber wir wollen dich nicht betrauern, als ob deine Person uns für immer verloren gegangen oder dein Name dem Vergessen anheimgegeben sei; im Großen Land der Geister ist deine Seele noch immer lebendig zusammen mit den Seelen all jener deines Volkes, die vor dir gegangen sind; und wenn wir auch hier zurückgeblieben sind, um deinen Ruhm weiterzutragen, so werden wir dir doch eines Tages folgen. Geleitet von dem Respekt, den wir dir entgegengebracht haben, als du noch lebtest, kommen wir nun, um das letzte Werk der Freundschaft zu verrichten, das dir zu erweisen uns möglich ist: Dein Körper soll nicht achtlos hingeworfen irgendwo in der Prärie liegen, den wilden Tieren des Feldes oder den Vögeln des Himmels zur Beute, sondern wir werden ihn sorgsam dorthin betten, wo deine Vorfahren ruhen, die vor dir gegangen sind, in der Hoffnung, dass dein Geist zusammen mit ihren Geistern leben und bereit sein möge, unsere Geister willkommen zu heißen, wenn auch wir ins große Land der Seelen kommen.

17. Unbekannte Frau (Dakota), 1767

Textvorlage: Jonathan Carver: Travels through the Interior Parts of North America in the Years 1766, 1767 und 1768. London 31781, S. 406–407

Hintergrund: Die unten stehende Trauerrede auf einen vierjährigen Jungen stammt ebenfalls aus dem Bericht Carvers über die Totenrituale der Dakota, bei denen laut seinem Bericht die Selbstverletzung ein Bestandteil der Trauer ist. Nach Carvers Bericht verletzte sich der Vater des Jungen dabei so stark, dass er selbst starb, um seinen kleinen Sohn im Jenseits zu beschützen.

Die Rede: Wenn du bei uns geblieben wärest, mein lieber Sohn, wie gut wäre der Bogen in deiner Hand gelegen und wie tödlich wären deine Pfeile für unsere Feinde gewesen. Wie oft hättest du ihr Blut getrunken und ihr Fleisch gegessen. Zahlreiche Sklaven wären deiner Mühen Lohn gewesen. Mit deinem sehnigen Arm hättest du den verwundeten Büffel ergriffen und mit dem Zorn des gereizten Bären gekämpft. Du hättest den wie im Fluge dahineilenden Elch überholt, und auf der Kuppe des Berges hättest du mit dem flinksten Wild Schritt gehalten. Welche Heldentaten hättest du nicht vollbracht, wärest du bei uns geblieben, bis das Alter dir Kraft gegeben und dein Vater dich in jeder Kunst der Indianer unterrichtet hätte!

18. Tahgahjute/James Logan

(Cayuga), um 1774

Textvorlage: Benjamin Bussey Thatcher: Indian Life and Battles. Akron 1910, S. 187

Hintergrund: Tahgahjute, geboren um 1728 in Shamokin, jetzt Sunbury in Pennsylvania, hatte eine Cayuga[35] zur Mutter und einen französischen Vater. In den englisch-französischen Kriegen stand er dennoch auf englischer Seite und war mit dem Sekretär William Penns, James Logan, dem er auch seinen englischen Namen verdankte, befreundet. Nachdem sein Stamm 1770 zum Ohio gezogen war, wurde dort 1774 an der Mündung des Yellow Creek River ein friedliches indianisches Dorf von weißen illegalen Siedlern überfallen und massakriert, darunter auch Angehörige Logans. Aus Rache überfiel Logan daraufhin seinerseits mehrere Siedlungen in Virginia und tötete Kolonisten. An einen Dolmetscher sandte er die unten stehende Rede, die in ihrer Echtheit allerdings umstritten ist. Noch im selben Jahr kam es zur Schlacht von Point Pleasant unweit des Ohio, wo einige Tausend Weiße und Ureinwohner aufeinanderstießen. Obgleich sich mehrere Indianerstämme zusammengeschlossen hatten (Cayuga, Delaware, Mingo, Seneca und Wyandot) wurden sie von den Kolonisten geschlagen.

Die Rede wurde von Thomas Jefferson, dem dritten Präsidenten der USA, mit den großen Texten der griechischen und römischen Redner verglichen und war im 19. Jahrhundert sehr bekannt. Als Logan 1780 von seinem eigenen Neffen ermordet wurde, war er bereits schwer alkoholkrank.

---

[35] Zum Stamm der Cayuga vgl. die Einleitung zur Rede des unbekannten Häuptlings (Onondonga und Cayuga).

Die Rede: Ich fordere jeden Weißen auf, sich zu melden, wenn er jemals hungrig in Logans Hütte gekommen ist und kein Fleisch von ihm bekommen hat, wenn er jemals nackt und kalt gekommen ist und von ihm nicht bekleidet worden ist. Während des letzten langen und blutigen Krieges war Logan in seiner Hütte geblieben, ohne am Krieg teilzunehmen, und er war Fürsprecher des Friedens. So groß war meine Liebe für die Weißen, dass meine Landsleute beim Vorübergehen mit den Fingern auf mich zeigten und sagten »Logan ist ein Freund der Weißen.« Ich hatte sogar überlegt, bei euch zu leben, bis zu dem Zeitpunkt, als ein einziger Mann mir so Schreckliches antat. Colonel Cresap[36] ermordete im letzten Frühjahr kalten Blutes und ohne jeden Anlass alle Verwandten von Logan, und er machte auch vor meinen Frauen und Kindern nicht halt.[37] Es fließt nun kein Tropfen meines Blutes mehr in den Adern irgendeines lebenden Wesens. Dies schrie nach Rache. Und ich habe mich gerächt. Ich habe viele Menschen getötet. Ich habe meinen Rachedurst gründlich gestillt. Für mein Land freue ich mich über das Licht des Friedens. Aber glaubt keinen Augenblick lang, dass meine Freude eine Freude aus Angst ist. Logan kennt keine Angst. Er macht nicht auf dem Absatz kehrt, um sein Leben zu retten. Wer wird da sein, um Logan zu betrauern? – Nicht ein Mensch.

---

[36] Ihn hielt Logan für den Anführer, der allerdings in Wirklichkeit Greathouse hieß.

[37] Frau und Kinder hatte er wohl in Wirklichkeit nicht, und eine Shawnee-Frau, mit der er zusammenlebte, kam vermutlich bei dem Überfall nicht ums Leben, wohl aber eine Schwester Logans und andere Verwandte.

19. Hopocan/Captain Pipe
(Delaware), 1781

Textvorlage: Benjamin Bussey Thatcher: Indian Life and Battles. Akron 1910, S. 158–160

Hintergrund: Die Delaware, auch Lenape, lebten zur Zeit der Ankunft der Europäer an der nördlichen Atlantikküste, dem nordöstlichen Waldland und umfassten mehr als 15000 Menschen. Aus ihrer Sprache, die in mehrere Dialekte unterteilt ist und zur östlichen Algonquin-Gruppe gehört, stammt unter anderem der Name von Manhattan.

Durch die Ausbreitung der europäischen Siedler, vor allem Niederländer, wanderten viele aus ihrer angestammten Heimat ab, andere starben bei Epidemien, wieder andere trieben ausgedehnten Handel mit den neuen Siedlern, besonders mit Biberfellen. 1682 schlossen sie einen Vertrag mit William Penn, dessen Koloniegründung Pennsylvania trotz Penns Bemühungen um friedliches Zusammenleben in Wirklichkeit den Lenape große Siedlungsgebiete nahm. Penns Nachfolger vertrieben die Ureinwohner schließlich mit Gewalt, und bis in die zweite Hälfte des 18. Jahrhunderts wurden sie immer weiter nach Westen gedrängt. Viele Lenape schlossen sich Pontiacs Aufstand an.

Hopocan, der um 1725 in Pennsylvania geboren wurde, war einer der bedeutendsten Häuptlinge im French and Indian War. Der Kriegshäuptling, der sein Amt geerbt hatte, geriet 1763 als Verbündeter der Franzosen in englische Kriegsgefangenschaft, aus der er schließlich entlassen wurde, wonach er sich am Muskingum River niederließ. Da sein Name »Tabakpfeife« bedeutete, erhielt er von den Engländern den Beinamen Captain Pipe. Im Revolutionskrieg versuchten die Engländer anfangs, die Delaware auf ihre Seite zu ziehen, doch blieben diese zunächst neutral, bis im Februar 1778 US-Truppen bei einem Angriff auf Hopocans

Dorf am Shengano River einige Stammesangehörige töteten.

Die unten stehende Rede richtete Hopocan 1781 auf einer Ratsversammlung in Fort Detroit an den englischen Kommandanten. Ein Jahr später bekam er US-Colonel William Crawford (geb. 1732), der einen Feldzug gegen die Dörfer am Sandusky River geführt hatte, in seine Gewalt und ließ ihn zu Tode martern. Gegen Ende seines Lebens setzte er sich für den Frieden mit den Weißen ein und unterschrieb mehrere Friedensabkommen. Er wurde mehrfach umgesiedelt und starb 1794 in einem nach ihm benannten Dorf am Sandusky (Ohio).

Die Rede: Vater! Ich habe *Vater* [zu ihm] gesagt, obwohl ich in der Tat nicht weiß, warum ich *ihn* so nennen sollte, denn ich habe niemals andere Väter erlebt als die Franzosen, die Engländer habe ich immer nur als Brüder betrachtet. Aber da uns diese Anrede aufgezwungen wird, werde ich sie benutzen und ich sage: – Vater! Vor einiger Zeit legtet ihr ein Kriegsbeil in meine Hände und ihr sagtet: »Nimm diese Waffe und erprobe sie an den Köpfen meiner Feinde, der Long-Knives,[38] und sage mir dann, ob sie scharf und gut war.«

Vater! Zu der Zeit, als ihr mir diese Waffe gabt, hatte ich weder einen Anlass noch den Wunsch, gegen einen Feind in den Krieg zu ziehen, der mir nichts zuleide getan hatte. Aber ihr sagt, ihr seid mein Vater – und ihr nennt mich euer Kind – und aus Gehorsam nahm ich das Beil entgegen. Ich wusste, wenn ich euch nicht gehorchte, würdet ihr mir die für mich lebensnotwendigen Dinge vorenthalten, die ich nirgends anders bekommen kann als hier bei euch.

---

[38] Long-Knives war der Name der Indianer im Norden für die englischen Kolonisten in Virginia, abgeleitet vom Namen des Gouverneurs Howard, dessen Name für die Einheimischen wie »Erntemesser«, also langes Messer, klang.

Vater! Ihr denkt vielleicht, ich sei ein Narr, weil ich auf euer Geheiß mein Leben riskiere, noch dazu in einer Angelegenheit, in der es für mich gar nichts zu gewinnen gibt. Denn es ist eure Angelegenheit, nicht meine – ihr habt Streit untereinander, und ihr solltet ihn auch ausfechten. – Es ist *euer* Interesse, mit den Long-Knives zu kämpfen. Ihr solltet nicht eure Kinder, die Indianer, zwingen, sich um euretwillen in Gefahr zu begeben.

Vater! Viele mussten um *euretwillen* bereits ihr Leben lassen; die Stämme haben gelitten und wurden geschwächt; Kinder haben Eltern und Brüder verloren, Frauen ihre Männer. Niemand weiß, wie viele noch umkommen werden, bis *euer* Krieg zu Ende ist.

Vater! Ich habe gesagt, dass ihr mich vielleicht für einen Narren haltet, weil ich scheinbar so ohne Weiteres Euren Feind angegriffen habe. Aber glaubt das nicht, Vater: Denkt nicht, dass ich zu einfältig bin, um mir vorstellen zu können, dass ihr wahrscheinlich über kurz oder lang mit den Long-Knives Frieden schließen werdet, auch wenn ihr jetzt so tut, als wolltet ihr auf ewig mit ihnen in Feindschaft leben.

Vater! Ihr sagt, ihr liebt die Indianer, eure Kinder. Das habt ihr oft gesagt; und natürlich liegt es in eurem Interesse, so zu sprechen, damit sie euch weiterhin zu Diensten sind. Aber, Vater, wer von uns kann schon glauben, dass ihr Menschen, die eine andere Hautfarbe haben als ihr, mehr lieben könntet als die, die weiße Haut haben wie ihr?

Vater! Hört gut zu, was ich jetzt sagen werde. Während ihr, Vater, uns auf euren Feind ansetzt, ganz genau so, wie ein Jäger seinen Hund auf ein Wild ansetzt, während ich also dabei bin, gegen diesen euren Feind zu kämpfen, mit der blutigen, mörderischen Waffe, die ihr mir gegeben habt, kann es mir passieren, dass ich zufällig einmal zurückblicke zu dem Ort, von dem aus ihr mich losschicktet, und was werde ich da sehen?

Vielleicht sehe ich meinen Vater, wie er den Long-Knives die Hände schüttelt; ja, genau denselben, die er jetzt seine Feinde nennt. *Dann* sehe ich ihn vielleicht lachen über meine Narrheit, seinen Befehlen gefolgt zu sein; und immer noch bin ich dabei, mein Leben aufs Spiel zu setzen auf seinen Befehl. Vater, behaltet im Gedächtnis, was ich gesagt habe.

Hier seht ihr, Vater, was ich mit dem Beil getan habe, das ihr mir gegeben habt [Er gibt ihm die Stange, an der die Skalps hängen]. Ich habe mit dem Beil gemacht, was ihr mir befohlen habt, und es war scharf. Aber ich tat nicht alles, was ich hätte tun können. Nein, das tat ich nicht. Das Herz stockte mir in der Brust. Ich hatte Mitgefühl mit eurem Feind. Die Frage nach Schuld oder Unschuld hatte in euren Streitigkeiten offenbar keine Rolle gespielt; daher begann ich, Unterschiede zu machen und manche zu verschonen, und so nahm ich lebendes Fleisch gefangen. Unterwegs erspähte ich eines eurer großen Kanus, und da setzte ich dieses Fleisch hinein, für euch. In einigen Tagen wird es bei euch eintreffen, und ihr werdet sehen, dass die Farbe seiner Haut der euren gleicht.

Vater! Ich hoffe, Ihr werdet nicht töten, was ich verschont habe. Ihr, Vater, habt die Macht, diese Menschen, die bei uns vor Hunger zugrunde gehen würden, zu ernähren. Der Krieger ist arm, und seine Hütte ist immer leer; aber euer Haus, Vater, ist immer voll.

20. Buckongahelas (Delaware), 1781

Textvorlage: Benjamin Bussey Thatcher: Indian Life and Battles. Akron 1910, S. 190–191

Hintergrund: Buckongahelas (um 1750–1804), ein bedeutender Kriegshäuptling der westlichen Delaware, der mit den Briten gegen die Amerikaner verbündet war, bemühte sich, seinen Stamm aus dem Gebiet der Weißen zurückzuziehen, um ihn vor weiterer Dezimierungen durch Gewalt und Krankheiten zu bewahren. Die unten stehende Rede hielt er vor christianisierten Delaware im Gebiet Ohio, die er dazu bewegen wollte, sich seinem Rückzug anzuschließen. Unter ihnen verübte im folgenden Jahr die Pennsylvania-Miliz, eine der Bürgerarmeen, wie sie sich schon vor dem Unabhängigkeitskrieg in den einzelnen Staaten gebildet hatten, ein grausiges Massaker.

Buckongahelas enthielt sich selbst jeder Grausamkeit, auch als er nach dem Unabhängigkeitskrieg zusammen mit dem Miami-Häuptling Little Turtle (1747/52–1812) gegen die nach Westen vordringenden US-Truppen kämpfte, wobei er allerdings von den Engländern im Stich gelassen wurde.

Im Vertrag von Greenville 1795 musste sein Stamm gegenüber den USA auf weite Teile seines Landes verzichten. Buckongahelas starb 1804 oder 1805 vermutlich am White River in der Nähe des heutigen Muncie (Indiana).

Die Rede: Freunde! Hört zu, was ich euch zu sagen habe! Ihr seht ein einst großes und mächtiges Volk, das nun gespalten ist. Ihr seht den Vater gegen den Sohn kämpfen und den Sohn gegen den Vater. Der Vater hat seine indianischen Kinder aufgefordert, ihm Hilfe zu leisten bei der Bestrafung seiner anderen Kinder, der aufmüpfig gewordenen Amerikaner. Ich überlegte eine Weile, was ich tun sollte -- das Kriegsbeil von meinem

Vater entgegennehmen und ihm beistehen oder nicht. Zuerst betrachtete ich das Ganze als Familienstreit, an dem ich nicht interessiert war. Mehr und mehr gelangte ich jedoch zu der Überzeugung, dass der Vater recht hatte und dass seine Kinder es sehr wohl verdient hatten, ein wenig gemaßregelt zu werden. Dass das richtig war, sah ich an den vielen Grausamkeiten, die seine Sprösslinge immer wieder an seinen indianischen Kindern verübt hatten: etwa dass sie unbefugt in deren Gebiete eingedrungen waren, ihr Eigentum geraubt und auf sie geschossen und ohne jeden Anlass Männer, Frauen und Kinder gemordet hatten – ja, auch solche mordeten sie, die immer freundlich zu ihnen gewesen waren, und solche, die als Schutzbefohlene unter dem Dach ihres Vaterhauses lebten – und das, während der Vater an der Tür Wache stand.[39]

Freunde! Oft musste der Vater Missetaten und Schäden wiedergutmachen, die uns von seinen aufsässigen Kindern zugefügt worden waren, doch diese bessern sich nicht. Nein! Sie bleiben, wie sie sind, und sie werden weiter so bleiben, solange wir noch das kleinste Fleckchen eigenes Land besitzen. Erinnert euch an die vielen Morde, die die Long-Knives[40] an unseren Angehörigen begingen, die als friedfertige Nachbarn neben ihnen am Ohio lebten! Töteten sie sie nicht ohne jeglichen Anlass? Meint ihr, sie seien heute besser als damals? Nein, auf keinen Fall. Sind nicht erst wenige Tage vergangen, seit ein paar von eben diesen Männern vor euren Türen erschienen und darauf brannten, euch zu töten? Aber zum Glück wurden sie von *Great Sun* [Colonel Dan Broadhead] daran gehindert, der zu jener

---

[39] Hier wird Bezug genommen auf eine Reihe von Morden an Indianern, die zu ihrem eigenen Schutz vor den Weißen ins Gefängnis gebracht worden waren und dort unter den Augen der Wärter ermordet wurden.

[40] Zur Erklärung dieses Wortes vgl. die Anmerkung zur vorigen Rede.

Zeit vom Großen Geist dazu ausersehen gewesen war, euch zu beschützen!

Freunde und Verwandte! Passt nun gut auf und hört, was ich Euch zu sagen habe: Ich bin aus dem Grund zu euch hierhergekommen, weil ich euch eindringlich bitten möchte: Macht euch auf und zieht mit mir an einen sicheren Ort! Hängt nicht an dem Boden, den ihr jetzt bebaut, meine Freunde! Ich werde euch zu einem ebenso guten Land führen, wo die Felder euch überreichlich Frucht bringen und eure Tiere genügend Weidefläche finden werden, wo es Wild im Überfluss gibt, wo eure Frauen und Kinder zusammen mit euch in Frieden und Sicherheit leben können und wo kein Long-Knive euch je wieder belästigen wird. Nein! Denn ich werde zwischen ihnen und euch leben und nicht zulassen, dass sie euch auch nur erschrecken. Dort könnt ihr euren Gott ohne Angst verehren! Hier, wo ihr jetzt seid, könnt ihr das nicht! – Denkt über das nach, was ich euch jetzt gesagt habe, und glaubt mir, wenn ihr da bleibt, wo ihr jetzt seid, werden die Long-Knives eines schönen Tages kommen und euch, so wie sie es immer getan haben, ins Gesicht schöne Worte sagen und euch rücklings ermorden!

21. Gyanwahia/Cornplanter, Achiout/ Half Town, Gaondahgowaah/Big Tree (Seneca), Dezember 1790

Textvorlage: James Buchanan: Sketches of the History, Manners, and Customs of the North American Indians with a Plan for Their Amelioration. New York 1824, S. 108–116

Hintergrund: Die Seneca lebten im Westen des heutigen US-Bundesstaates New York zwischen dem Genesee River und dem Canandaiguasee und gehörten der Irokesen-Liga an. Sie waren in einen östlichen und einen westlichen Zweig geteilt. Die Seneca lebten besonders von der Jagd. Daher von den Europäern, zuerst vor allem den Niederländern, in den Pelzhandel einbezogen, wurden sie zu den Anführern der Irokesen bei der Vernichtung der Huronen und Erie.

Im Unabhängigkeitskrieg standen sie auf der Seite Englands, weswegen auch zu ihnen die Sullivan-Expedition der US-Amerikaner führte, die sie auf die Gegend des westlichen Bundesstaates New York beschränkte.

Gyanwahia wurde in Canawagus am Geensee River als Sohn einer Seneca und des irischen Händlers John O'Bail (manchmal auch Abeel geschrieben) in New York geboren. Der Vater, der durch den Verkauf alkoholischer Getränke an Indianer reich geworden war, ließ die Familie bald zurück, um sich einer neuen zuzuwenden. Gyanwahias Halbbruder war der Seneca-Prophet Ganiodayo/Handsome Lake (1735–1815), der gegen Engländer, gegen andere Indianerstämme sowie gegen die Unabhängigkeitsbewegung kämpfte und für längere Zeit unter den Seneca eine Mischung aus der traditionellen Religion und dem Christentum etablierte.

Gyanwahia selbst kämpfte als Kriegshäuptling der Seneca im French and Indian War mit den Franzosen gegen die Engländer, im Unabhängigkeitskrieg allerdings entschieden sich die Seneca nach längerem Zögern für die englische Seite. Gyanwahia kämpfte im Cherry Valley sowie im Wyoming Valley (New York). Nach dem Krieg allerdings arrangierte er sich mit den USA und unterschrieb die Verträge von Fort Stanwix 1784 und den Vertrag von Fort Harmar 1789. Im folgenden Jahr traf er in Philadelphia mit George Washington zusammen, an den er zusammen mit zwei weiteren Seneca-Häuptlingen namens Half Town, seinem Bruder, und Big Tree (beide den Weißen sehr freundlich gesinnt) die unten stehende, diktierte Rede richtete, die nach anderer Überlieferung ein Brief war, und versuchte vergeblich im Krieg gegen den Miami-Häuptling Little Turtle zu vermitteln.

1794 unterzeichnete die Irokesen-Liga den Friedensvertrag von Canandaigua mit den USA. Drei Jahre später verkauften sie im Vertrag von Big Tree ihr Land westlich vom Genesee River, das nun von weißen Siedlern eingenommen wurde.

Die Rede: Vater, die Stimme der Seneca-Völker spricht zu euch, dem großen Ratgeber, in dessen Herz die weisen Männer aller Dreizehn Feuer[41] ihre Weisheit gelegt haben; diese Stimme mag in euren Ohren sehr klein sein, deshalb ersuchen wir euch dringend, aufmerksam auf sie zu hören, denn wir werden von Dingen sprechen, die für uns sehr groß sind.

Als eure Armee in das Land der *Six Nations*[42] kam, nannten wir euch Städte-Zerstörer; und wenn dieser Name fällt, wenden sich bis zum heutigen Tag die Frauen ab und werden bleich, und unsere Kinder klammern sich an ihre Mütter. Unsere Berater und Krieger sind

---

[41] Thirteen Fires – Dreizehn Feuer: der indianische Name für den Zusammenschluss von dreizehn (später weiteren) britischen Kolonien an der Atlantikküste vor Gründung der Vereinigten Staaten von Amerika.
[42] Six Nations: der Zusammenschluss der Irokesen zunächst aus fünf, später sechs Stämmen, vgl. die Einleitung zur Rede von Swerise.

Männer, sie können keine Angst haben, aber ihre Herzen sind von Schmerz erfüllt ob der Ängste unserer Frauen und Kinder, und sie wünschen, dieser Name möge so tief in die Erde hinein gegraben werden, dass man ihn nie wieder hört.

Als ihr uns den Frieden brachtet, nannten wir euch Vater, da ihr verspracht, uns den Besitz unserer Länder weiterhin zu garantieren. Handelt diesem Versprechen gemäß, und solange das Land unser bleibt, wird diese liebevolle Anrede im Herzen jedes Seneca wohnen. Vater, wir wollen unsere Herzen vor euch öffnen, und wir haben den aufrichtigen Wunsch, klar und deutlich von euch zu erfahren, was ihr zu tun vorhabt.

Als unsere Häuptlinge vom Vertragsschluss in Fort Stanwix[43] zurückkehrten und unserer Ratsversammlung vortrugen, was dort geschehen war, war unser Volk überrascht zu hören, welch ein riesiges Land ihr sie gezwungen habt, euch ohne jegliche Entschädigung zu überlassen. Alle sagten, dass die Herzen eurer Leute wegen der Geschehnisse während des Krieges immer noch schier bersten wollen vor Groll gegen uns, aber dass ihr wohl eines Tages die Dinge in einem milderen Licht sehen würdet. Wir fragten uns, was haben wir getan, um eine solch schwere Strafe zu verdienen?

Vater, als ihr eure eigenen Dreizehn Feuer entzündet habt, sagten uns die dort versammelten weisen Männer, ihr alle seid Brüder und Kinder eines großen Vaters, der auch die roten Menschen als seine Kinder betrachte. Sie nannten uns Brüder und luden uns ein, uns seinem Schutz zu unterstellen. Sie sagten uns, er woh-

---

[43] In Fort Stanwix im heutigen US-Bundesstaat New York wurde 1768 zwischen Engländern und den Irokesen über eine dauerhafte Grenzlinie ihrer Gebiete beraten; ein Vertrag zuungunsten der Irokesen und weiterer, gar nicht einbezogener Indianerstämme wurde am 5. November unterzeichnet, in dem diese das Gebiet des späteren Kentucky den Neuankömmlingen überließen.

ne jenseits des großen Wassers, dort, wo am frühen Morgen die Sonne aufgeht, er sei ein König mit so großer Macht, dass ihm kein Volk widerstehen könne, und seine Güte leuchte wie die Sonne. Was sie sagten, erreichte unsere Herzen. Wir nahmen die Einladung an und versprachen, ihm zu gehorchen. Was die Seneca versprechen, das halten sie auch zuverlässig; und als ihr jenem König den Gehorsam verweigert habt, befahl er uns, seinen getreuen Männern dabei zu helfen, euch zur Vernunft zu bringen. Indem wir ihm gehorchten, taten wir nichts anderes, als das Versprechen einzulösen, das wir damals auf eure Veranlassung hin gegeben hatten. Die Männer, die dann jene damals versprochene Gefolgschaft bei uns einforderten, erzählten uns, ihr wärt Kinder und hättet keine Gewehre, und ihr würdet euch schon ergeben, sobald sie euch nur richtig durchgeschüttelt hätten. Wir hörten auf sie und blieben in unserem falschen Glauben befangen, bis eure Armee gegen unsere Städte zog. Wir waren getäuscht worden, aber eure Leute, die uns gelehrt hatten, auf jenen fernen König zu vertrauen, hatten dazu beigetragen, dass wir dieser Täuschung erlagen, und nun appellieren wir an euer Herz: Ist dies allein unsere Schuld?

Vater, als wir erkannten, dass wir getäuscht worden waren, und als wir eure Einladung hörten, uns zu dem Feuer zu gesellen, das ihr entzündet hattet, und mit euch über Frieden zu sprechen, eilten wir, dies zu tun. Dort sagtet ihr uns dann, dass wir in eurer Hand seien und dass ihr uns zu einem Nichts zerquetschen könntet, wenn ihr diese Hand zudrücktet, und ihr verlangtet von uns ein riesengroßes Stück Land als Preis für den angebotenen Frieden, als ob unsere Rechte durch unseren Mangel an Stärke zunichtegemacht worden wären. Unsere Häuptlinge hatten nun eure Macht gespürt, und sie waren nicht in der Lage, gegen euch zu kämpfen, deshalb gaben sie dieses Land her. An das, was sie vereinbart haben, fühlt sich unser Volk gebunden; aber

mittlerweile muss euer Zorn auf uns doch etwas abge-
kühlt sein, und obwohl weder unsere Stärke zugenom-
men noch eure Macht abgenommen haben, bitten wir
euch, in aller Ruhe zu überlegen: Waren die Bedingungen, die eure Kommissare uns diktierten, vernünftig
und gerecht?

Vater, als eure Kommissare die Linie zogen zwischen
dem Land, das damals an euch abgegeben wurde, und
dem, welches mit eurer Zustimmung das Unsrige bleiben sollte, versprachen sie feierlich, dass uns der unge-
störte Besitz des verbliebenen Landes östlich und nördlich dieser Linie garantiert werden solle – fühlt ihr euch
noch an dieses Versprechen gebunden?

Hört euch nun an, so bitten wir, was in der Zwi-
schenzeit mit diesem Land geschehen ist. Am Tag, als
wir den Vertrag in Fort Stanwix unterzeichneten, sagten Kommissare aus Pennsylvania unseren Häuptlingen, sie seien gekommen, um uns jenen Teil unseres
Landes abzukaufen, der innerhalb der Grenzlinie ihres
Staates liege, und sie sagten, dass ihre Linie unterhalb
der Tioga-Mündung[44] in den Susquehanna treffe. Dann
gaben sie uns Zeit bis zum nächsten Morgen, um über
den Handel nachzudenken. Am nächsten Tag teilten
wir ihnen mit, dass wir nicht bereit sind, alles innerhalb ihres Staates liegende Land von uns zu verkaufen,
und boten ihnen an, dass sie den Teil davon haben
könnten, den wir ihnen auf ihrer Karte zeigten. Sie sagten uns jedoch, sie bräuchten alles, und dieses Land sei
ihnen bereits zum Zeitpunkt des Friedensschlusses mit
euch vom großen König überlassen worden und seitdem ihr Eigentum, aber sie wollten diese Tatsache nicht
gegen uns verwenden und seien wie schon ihre Vorfahren bereit, uns das Land zu bezahlen. Unsere Häuptlinge waren zu dem Zeitpunkt nicht in der Lage zu kämp-

---

[44] Der Tioga ist ein kleiner Nebenfluss des Susquehanna in
Pennsylvania.

fen, und sie verkauften daher das Land bis zu der Linie, die ihnen als Grenzlinie von Pennsylvania gezeigt worden war. Das Argument der Kommissare, dass das Land ihnen bereits bei der Unterzeichnung des Friedensvertrags überlassen worden sei, betrachteten unsere Häuptlinge nur als Vorwand, um den Preis zu drücken, und übergingen das Thema, ohne ihm allzu viel Beachtung zu schenken; aber mittlerweile haben wir so häufig gehört, dass der König euch beim Friedensschluss das Recht an unserem Land übereignet habe, dass wir von euch nun dringend zu erfahren wünschen, was es damit wirklich auf sich hat.

Unsere Nation ermächtigte John Livingstone,[45] einen Teil unserer Länder gegen einen an uns zu zahlenden Betrag zu verpachten. Er sagte uns, dass er vom Kongress beauftragt sei, diese Angelegenheit für uns abzuwickeln, aber wir fürchten, er hat uns mit den Schriftstücken, die er von uns erhalten hat, betrogen; denn kaum hatten wir ihm die Vollmacht gegeben, kam ein Mann namens Phelps[46] zu uns und erhob Anspruch auf unser ganzes Land nördlich der Grenze von Pennsylvania mit der Begründung, es von diesem Livingstone gekauft und ihm 20000 Dollar dafür bezahlt zu haben. Er sagte noch, er habe das Land auch dem Rat der Dreizehn Feuer abgekauft und an diesen weitere 20000 Dollar dafür bezahlt. Und er sagte, dass es nicht uns gehöre, da der große König das ganze Land vergeben habe, als ihr mit ihm den Friedensvertrag unterzeichnet habt. So erhob er Anspruch auf das ganze Land nördlich von Pennsylvania und westlich der von den Cayuga be-

---

[45] John Livingstone gehörte zur New York Genesee Land Company zusammen mit Jared Coffin und Caleb Benton.
[46] Oliver Phelps (1749–1809) bildete ein Syndikat mit Nathaniel Gorham zum Aufkauf von Indianerland. 1788 erwarben sie die Vorkaufsrechte auf 24000 km² Landes im Westen des Bundesstaates New York westlich des Lake Seneca für eine Million Dollar.

wohnten Länder. Er forderte es von uns, er bestand hartnäckig auf seiner Forderung, und er erklärte, dass er alles haben wolle. Es war uns unmöglich, auf seine Forderung einzugehen und wir lehnten sie auf der Stelle ab. Ein paar Tage später schlug er vor, die Linie etwas weiter östlich unserer Westgrenze zu ziehen, wir stimmten aber auch dem nicht zu. Dann drohte er uns mit sofortigem Krieg, wenn wir seiner Forderung nicht entsprächen.

Nach dieser Drohung versammelten sich unsere Häuptlinge, um zu beratschlagen, und kamen überein, dass kein Krieg schlimmer sein könne, als mit unseren Frauen und Kindern aus dem einzigen Land vertrieben zu werden, auf das wir einige Rechte haben; und deshalb beschlossen sie, auch wenn unser Volk geschwächt war, eher einen Krieg zu wagen als sich solch ungerechtfertigten Forderungen zu beugen, die zudem uferlos erschienen. Damals hielt sich Mr. Street,[47] der bekannte Händler aus Niagara, bei uns auf; er war auf Aufforderung von Phelps gekommen, und da er sich immer als großer Freund von uns gebärdet hatte, beratschlagten wir uns mit ihm in dieser Angelegenheit. Er sagte uns ebenfalls, dass unsere Gebiete vom König verteilt worden seien und wir sie hergeben müssten. Höchst befremdet über das, was wir von allen Seiten hörten und voller Leid im Herzen vor Mitgefühl mit unseren Frauen und Kindern sahen wir uns so zur Aufgabe all jener Gebiete unseres Landes gezwungen, die nördlich der Grenze von Pennsylvania und bis zu der großen Flussgabelung östlich des Genesee-Flusses liegen sowie östlich einer Linie, die von dieser Gabelung aus nach Süden zur Grenze von Pennsylvania gezogen

---

[47] Samuel Street aus Niagara war ein englischer Bodenspekulant der Niagara Genesee Land Company, der sich das Vertrauen der Indianer erschlichen hatte, tatsächlich aber mit Phelps und Gorham kooperierte.

worden war. Phelps willigte ein, uns für dieses Land 10000 Dollar bar auf die Hand zu bezahlen und 1000 Dollar jedes Jahr für alle Zukunft. Was er uns wirklich zahlte, waren 2500 Dollar, und letztes Frühjahr ließ er uns kommen, damit wir uns unser Geld abholen sollten; aber statt uns den Rest der 10000 Dollar und die 1000 Dollar zu geben, die für das erste Jahr fällig waren, bot er uns nur 500 Dollar an und behauptete hartnäckig, er habe mit uns vereinbart, lediglich diese Summe jährlich zu zahlen.

Fünf Tage lang debattierten wir mit ihm, er blieb die ganze Zeit bei seiner Weigerung, unserer rechtmäßigen Forderung nachzukommen, und behauptete weiter, dass wir nur 500[48] Dollar zu bekommen hätten; und auch Street aus Niagara wollte, dass wir das Geld entgegennehmen, das uns angeboten wurde. Der Hauptgrund, den Phelps dafür anführte, dass er sich weigerte, uns zu bezahlen, war, dass der König das Land den Dreizehn Feuern übereignet habe und er es dann von Euch gekauft und Euch dafür bezahlt habe.

Vater, wir konnten diese Verwirrung nicht länger ertragen und beschlossen, allen Widerständen zu trotzen und unsere Stimme so zu erheben, dass ihr uns vielleicht hört, und unser von euch garantiertes Besitzrecht an diesen Gebieten einzufordern, welches eure Kommissare uns so feierlich zugesichert hatten; und wir bitten euch dringend, die Beschwerde, die wir einlegen, zu prüfen und das uns angetane Unrecht wiedergutzumachen.

Vater, unsere Schriftstücke hatten wir in die Hände von Streets aus Niagara gelegt, da wir ihn für unseren Freund hielten; aber als wir sahen, wie Phelps sich bei

---

[48] Das von den Weißen versehendlich oder absichtlich herbeigeführte Missverständnis könnte durch den unterschiedlichen Wert des US-Dollars und des kanadischen Dollars verursacht sein.

jeder Gelegenheit mit Streets beratschlagte, begannen wir, an seiner Ehrlichkeit uns gegenüber zu zweifeln; und wir haben inzwischen gehört, dass er für seine Mithilfe an dem Betrug an uns ein Stück Land westlich des Genesee-Flusses von zehn Meilen Breite und nahezu 40 Meilen Länge bis hinauf zum Ontario-See bekommen soll; und dass die Grenzlinien dieses Gebietes bereits entsprechend gezogen worden sind, es liegt jedoch kein Teil davon innerhalb der Grenzen des Gebiets, um das es hier geht. Es besteht kein Zweifel, dass er uns betrügen wollte.

Vater, ihr habt gesagt, dass wir in eurer Hand sind und dass ihr uns zu einem Nichts zerquetschen könntet, wenn ihr eure Hand zudrücktet. Seid ihr also entschlossen, uns zu vernichten? Wenn ihr das vorhabt, sagt es uns, damit diejenigen aus unserem Volk, die eure Kinder geworden sind und als eure Kinder sterben wollen, wissen, was sie dann tun können. Ein Häuptling sagte, dass er euch in diesem Fall darum bitten wolle, ihn persönlich von seinen Schmerzen zu erlösen. Ein anderer, der sich nicht vorstellen kann, durch die Hand seines Vaters oder Bruders zu sterben, kündigte an, er werde sich nach Chateaugay[49] zurückziehen, von der todbringenden Wurzel essen und in Frieden mit seinen Vätern einschlafen.

Bevor ihr eine so ungerechte Maßnahme beschließt, schaut hinauf zu Gott, der uns und euch erschuf; wir hoffen, er wird nicht zulassen, dass ihr unser ganzes Volk zerstört.

Vater, hört unsere Sicht der Dinge an: Viele Völker bewohnen seit Langem dieses Land, aber sie waren nicht weise und führten Kriege gegeneinander; doch die *Six Nations* waren mächtig und zwangen sie zum Frieden. Das Land fiel zum größten Teil an die *Six Na-*

---

[49] Chateaugay ist ein Ort im Norden des heutigen US-Bundesstaates New York.

tions, aber die Völker, die nicht vollkommen ausgelöscht waren, lebten auf diesem Lande weiter und er-
warteten Schutz von den *Six Nations*, die ja Brüder ihrer
Väter waren. Es waren Menschen, und wenn sie bereit
zum Frieden waren, hatten sie ein Recht, auf der Erde
zu leben.

Dann kamen die Franzosen und begannen, unter
uns zu leben und bauten Niagara[50]; sie wurden unsere
Väter, die sich um uns kümmerten. Sir William Johnson[51] kam und nahm den Franzosen das Fort weg; auch
er wurde unser Vater und versprach, sich um uns zu
kümmern, und das tat er auch, bis ihr zu stark für seinen König wurdet. Ihm hatten wir vier Meilen rund
um Niagara gegeben als Platz, um dort Handel zu treiben. Wir haben bereits gesagt, wie es dazu gekommen
war, dass wir uns gegen euch zusammengeschlossen
haben; wir sahen ein, dass wir einen Fehler gemacht
hatten, wir wünschten Frieden, ihr fordertet, dass euch
ein großes Stück Landes überlassen werde, es wurde
euch abgetreten als Preis für den Frieden, und sollten
wir jetzt nicht wirklich auch in Frieden leben und das
wenige Land behalten dürfen, das ihr uns damals gelassen habt?

Vater, als euch damals jenes große Stück Land abgetreten wurde, waren nur wenige Häuptlinge anwesend,
und diese wurden gezwungen, das Land herzugeben.

---

[50] Fort Niagara war eine von den Franzosen im 17. Jahrhundert gegründete Festungsanlage an der Mündung des gleichnamigen Flusses in den Ontariosee.

[51] William Johnson (1715–1774), irischer Kaufmann, Politiker
und General in Amerika, der insbesondere zu den Mohawk
freundschaftliche Beziehungen unterhielt, indem er die Ureinwohner anständiger behandelte, als die meisten Weißen es taten. Aus Dankbarkeit erhielt er mehrmals von Indianern Land
geschenkt. Militärisch erfolgreich war er vor allem im Französischen und Indianerkrieg. Er war es, der die Irokesen davon
abhielt, sich mit Pontiac zu verbünden, und mit ihnen den Vertrag von Fort Stanwix 1768 aushandelte.

Und es sind nicht nur die *Six Nations*, die diesen Häuptlingen vorwerfen, das Land abgetreten zu haben. Die Chippeway und alle anderen Völker, die auf jenem westlichen Teil des Landes lebten, kommen zu uns und fragen uns: »Brüder unserer Väter, sagt uns, wo ist der Ort, an dem wir uns zur Ruhe betten können?«

Vater, ihr habt uns gezwungen, etwas zu tun, für das wir uns schämen müssen. Wir wissen nicht, was wir den Kindern unserer Vaterbrüder antworten können. Als sie im letzten Frühjahr kamen, um uns zum Krieg aufzufordern, damit auch sie eine Ruhestätte hätten, beschworen wir sie, stillzuhalten, bis wir mit euch gesprochen hätten; aber auf unserem Weg nach Süden hörten wir, dass eure Armee gegen das Land gezogen war, das jene Völker bewohnen; und wenn eure Soldaten auf sie treffen, wird das beste Blut beider Seiten den Boden färben.

Vater, wir wollen euch nicht verhehlen, dass nur der große Gott selbst Cornplanter bisher aus den Händen seines eigenen Volkes errettet hat, und nicht die Menschen. Denn die Menschen hören nicht auf zu fragen: »Wo ist das Land, auf dem unsere Kinder und deren Kinder nach ihnen ihr Haupt zur Ruhe betten können? Du hast uns gesagt, dass die Linie von Pennsylvania bis zum Ontario-See ab jetzt die dauerhafte Grenze unseres Landes nach Osten bilden und die Linie von Beaver Creek bis Pennsylvania es im Westen begrenzen werde. Wir sehen aber, dass dem nicht so ist; denn einer nach dem anderen kommt und nimmt uns Land weg auf Befehl eben des Volkes, von dem ihr gesagt habt, es habe versprochen, unseren Landbesitz zu schützen.« Cornplanter schweigt; denn er hat keine Antwort. Wenn die Sonne untergeht, öffnet er sein Herz vor Gott; und noch bevor die Sonne über den Hügeln wieder aufgeht, dankt er Gott dafür, dass er ihn die Nacht über beschützt hat; denn er spürt, dass inmitten von Menschen, die wegen der Verletzungen, die sie zu ertragen haben, verzweifelt sind, nur Gott alleine ihn beschützen kann. Er möchte Frieden haben, und alle Vorräte, die er hatte, hat er denen gegeben, die von euren Leuten ausgeraubt worden waren, damit sie nicht ihrerseits Unschuldige ausplündern, um sich schadlos zu halten. Die ganze Zeit, die andere dafür genutzt haben, um für ihre Familien zu sorgen, hat er mit Bemühungen um Frieden verbracht; und in diesem Augenblick liegen seine Frau und seine Kinder auf dem blanken Boden und haben nichts zu essen: Sein Herz ist schmerzerfüllt ihretwegen, aber er glaubt, dass der Große Geist seine Entschlossenheit, das Richtige zu tun, auf die Probe stellen möchte.

Vater, das Wild, das der Große Geist in unser Land gesandt hat, damit wir Nahrung haben, zieht weg. Wir dachten, er möchte, dass wir den Boden mit dem Pflug bearbeiten sollten, wie die weißen Menschen es machen, und wir sprachen miteinander darüber. Aber bevor wir mit euch darüber sprechen, müssen wir von euch erfahren, ob ihr vorhabt, uns und unseren Kindern überhaupt Land zum Bearbeiten zu lassen. Sprecht klar und deutlich mit uns über diese wichtige Angelegenheit.

Alles Land, von dem wir gesprochen haben, gehörte den *Six Nations*: Kein einziges Stückchen davon hat je dem König von England gehört, und er hat es euch deshalb auch nicht geben können. Das Land, auf dem wir leben, empfingen unsere Väter von Gott, und sie gaben es an uns weiter für unsere Kinder, und wir können es nicht verkaufen.

Vater, wir sagten euch, dass wir euch unsere Herzen öffnen wollten: Hört uns noch ein weiteres Mal an. In Fort Stanwix stimmten wir zu, diejenigen von uns an euch auszuliefern, die sich etwas zuschulden kommen lassen würden, damit ihr sie vor Gericht stellen und in Übereinstimmung mit euren Gesetzen bestrafen könnt. Wir überstellten euch danach zwei Männer; aber statt dass ihr gemäß euren Gesetzen über sie zu Gericht saßt, wurden sie von eurem Magistrat an die niedrigsten unter euren Leuten übergeben und von diesen auf der Stelle getötet. Es ist gerecht, den Mörder mit dem Tode zu bestrafen, aber die Seneca werden die Ihrigen nicht mehr an Menschen ausliefern, die die Verträge ihres eigenen Volkes missachten.

Vater, unschuldige Menschen unseres eigenen Volkes und aus unseren besten Familien wurden einer nach dem anderen getötet, aber keiner derjenigen aus eurem Volk, die diese Morde begangen haben, wurde bestraft. Wir erinnern uns, dass ihr in der Tat nicht versprochen habt, diejenigen zu bestrafen, die unsere Leute umbringen, und wir fragen euch nun: War das vielleicht so gedacht, dass eure Leute die Seneca töten dürfen und nicht nur ungestraft davonkommen, sondern sogar von euch vor der Rache der nächsten Angehörigen der Getöteten geschützt werden sollten?

Vater, dies sind für uns sehr wichtige Dinge; wir wissen, dass ihr sehr stark seid, und wir haben gehört, dass ihr weise seid, wir werden warten, bis wir eure Antwort hören, damit wir erfahren können, dass ihr auch gerecht seid.

22. Unbekannte Frauen und Sagoye-watha/Red Jacket (Seneca), 1791

Textvorlage: Norman B. Wood. Lives of Famous Indian Chiefs, Aurora (Illinois) 1906, S. 247–248

Hintergrund: 1791 verlangten die USA von den Irokesen, die traditionell mit England verbündet waren, dass sie sich in Auseinandersetzungen für neutral erklären sollten. Dass die Seneca in der hier zitierten Verhandlung durch Frauen vertreten werden, ist aus deren Sicht nichts Ungewöhnliches, da die Frauen auch bei internen Beratungen mitzureden hatten. In der unten stehenden Rede plädierten die Frauen, die leider nicht namentlich bekannt sind, für ein Arrangement mit den USA. Ihre Ausführungen werden von Häuptling Red Jacket fortgesetzt.

Red Jacket (1750–1830) hieß eigentlich Otetiani, nannte sich später auch Sagoyewatha und galt bei seinen Landsleuten als begabter Redner. Den Namen, unter dem er bekannt wurde, erhielt er wegen einer roten Uniformjacke, die ihm die Engländer zum Dank für seine Verdienste im Kampf gegen die amerikanische Unabhängigkeitsbewegung überreichten.

Die Rede der Frauen: Bruder, der große Weltenherrscher hat uns auch am heutigen Tag wieder am Leben erhalten, damit wir miteinander sprechen; denn seit ihr von General Washington zu uns geschickt worden seid, beratschlagt ihr mit unseren Onkeln, den Sachems. Eure Schwestern, die Frauen, haben sich, weil ihr mit unseren Sachems so viel über dieses Thema gesprochen habt, sicher ebenfalls viele Gedanken dazu gemacht. Und dies ist der Grund, warum wir gekommen sind, um zu euch zu sprechen: Der große Weltenherrscher hat euch erhalten, damit ihr genauso aufmerksam wie auf die Worte der Sachems darauf hört, was wir Frauen zu sagen haben; denn wir sind die eigentlichen Besitzerinnen dieses Landes. Und es ist unser! Wir sind es, die es bearbeiten, für uns und für die anderen. Hört uns deshalb, denn wir sprechen über das, was uns und unsere Kinder betrifft; und ihr sollt euch kein falsches Bild von uns machen, wenn unsere Männer länger zu euch sprechen, denn wir sind es, die sie beauftragt haben.

[Sie ernannten nun Red Jacket zu ihrem Sprecher.]

Rede Red Jackets: Brüder aus Pennsylvania: Ihr, die ihr von General Washington und den Dreizehn Feuern geschickt worden seid, ihr seid Tag für Tag Seite an Seite mit uns gesessen, und der große Weltenherrscher hat heute einen weiteren freundlichen Tag dafür vorgesehen, dass wir uns wieder treffen können.

Nun hört zu, Brüder: Ihr wisst, es war die Bitte unserer obersten Krieger,[52] dass wir nun für unsere Frauen antworten; denn diese haben zu entscheiden,[53] was sowohl von den Sachems als auch von den Kriegern gemacht wird. So hört nun ihre Entscheidung. Die Angelegenheit, in der ihr gekommen seid, macht uns große Sorgen, und wir haben lange darüber beratschlagt; und nun haben die Ältesten unter unseren Frauen gesagt, dass die Sachems und die Krieger *eurer Seite helfen* müssen, um ihres und ihrer Kinder Wohlergehens willen, denn ihr sagt uns, dass die Amerikaner ernstlich an Frieden interessiert sind.

Alles, was möglich war, ist von unseren Frauen hier-

---

[52] Vor allem Cornplanter.

[53] Herausgeber Wood erklärt an dieser Stelle, dass das getan werden musste, dem zwei Drittel der Mütter des Stammes zustimmten. Aus Sicht der Weißen des 18. Und 19. Jahrhunderts war dies ein Zeichen für die Minderwertigkeit der indianischen Stämme. Die Sozialforschung des 20. und 21. Jahrhunderts dagegen stellt fest, wie positiv sich die Mitbestimmung von Frauen auf Gesellschaften auswirkt.

mit für euch getan worden; der Rest bleibt uns überlassen als schwere Aufgabe, denn die Leute, die Richtung Sonnenuntergang leben, sind schlechte Menschen. Ihr habt für so große und wichtige Angelegenheiten zu wenig Zeit mitgebracht. Und nun, Brüder, passt gut auf vom frühen Morgen bis Sonnenuntergang und reckt eure Hälse und schaut weit über das ganze Land, um alles wahrzunehmen, was ihr nur wahrnehmen könnt, damit ihr jede Gefahr rechtzeitig erkennen könnt. Dies sind die Worte der Frauen an euch und an die Sachems und Krieger, die mit euch gehen werden.

Nun, Ihr Brüder aus Pennsylvania und Abgesandte von General Washington, habe ich euch alles gesagt, was zu sagen mir aufgetragen worden war. Lasst nun Euren Geist leicht werden und lasst uns alle Sorgen der Barmherzigkeit des Großen All-Erhalters anheimgeben in der Hoffnung, dass er helfen wird.

23. Unbekannter Häuptling
(Delaware und zwölf andere Stämme),
1793

Textvorlage: Helen Hunt Jackson: A Century of Dishonour. A Sketch of the United States Government's Dealings with Some of the Indian Tribes. New York 1881, S. 42–43

Hintergrund: Die Ratsversammlung der Delaware und der mit ihnen verbündeten Stämme erinnerte 1793 die USA an abgeschlossene Verträge und forderte deren Einhaltung. Dabei handelte es sich um den 1778 in Fort Pitt geschlossenen ersten Vertrag der USA mit einem indianischen Stamm sowie um den 1785 zwischen den USA und den Chippaway, Delaware, Ottawa und Wyandot in Fort McIntosh geschlossenen Vertrag. Im ersten verpflichteten sich die USA, kein weiteres Gebiet der Ureinwohner mehr zu besiedeln, die Indianer vor den Engländern zu beschützen und den Einheimischen einen Kongresssitz zu gewähren. Im Gegenzug verbündeten sich die Delaware mit den USA und gestatteten die Einrichtung eines militärischen Stützpunktes. Der zweite Vertrag bestimmte den Verzicht der Indianer auf weitere Gebiete in Ohio und die Rückgabe von Gefangenen.

Da einige Stämme zu Zugeständnissen in diesem Ausmaß nicht bereit waren, kam es unter der Führung des Miami-Häuptlings Little Turtle (1752–1812) zum Nordwest-Indianerkrieg (1785–1795). Die Delaware forderten nun, den Ohio River als Nordwestgrenze der weißen Siedlungen zu garantieren, die Regierung dagegen strebte bereits den Mississippi als Grenze an. In der unten stehenden Rede stellen die Ureinwohner ihren eigenen Vorschlag vor.

Die Rede: Geld ist für uns wertlos und ohnehin den meisten von uns unbekannt; und da keine wie auch immer geartete Überlegung uns dazu bringen kann, das

Land zu verkaufen, dessen Erträge die Lebensgrundlage unserer Frauen und Kinder sind, hoffen wir, dass es uns gestattet ist, einen Weg aufzuzeigen, wie man die Siedler leicht wieder aus unserem Lande wegbringen und damit den Frieden wieder herstellen kann.

Wir wissen, dass die betreffenden Siedler arm sind, sonst hätten sie es nicht auf sich genommen, in einem Land zu leben, in dem sie, seit sie den Ohio überquert haben, dauernd Unannehmlichkeiten erleben. Teilt deshalb jene große Summe Geldes, die ihr uns angeboten habt, unter diesen Leuten auf, und gebt jedem von ihnen über diesen sehr großen Betrag hinaus noch einen Anteil an den Zahlungen, die ihr jährlich an uns leisten wolltet. Wir sind überzeugt, dass die Siedler dies sehr bereitwillig annehmen werden als Entschädigung für das Land, das Ihr ihnen verkauft habt. Wenn Ihr dazu noch die großen Summen addiert, die ihr aufwenden müsst für das Rekrutieren und die Entlohnung von Soldaten, die ihr ja braucht, um uns dazu zu zwingen, euch unser Land zu überlassen, dann werdet ihr sicherlich mehr als genug Mittel zur Verfügung haben, um diese Siedler für all ihre Anstrengungen und die Kultivierung der Böden zu entschädigen.

Ihr habt mit uns über Zugeständnisse in Bezug auf die Überlassung von Siedlungsgebieten gesprochen. Es erscheint uns sonderbar, dass ihr glaubt, Derartiges erwarten zu können von uns, die wir einzig und allein damit beschäftigt sind, unsere wohlbegründeten Rechte gegen eure Invasionen zu verteidigen. Wir wollen Frieden. Gebt uns unser Land zurück, und wir werden nicht länger Feinde sein.

Wir möchten, dass ihr bedenkt, Brüder, dass unsere einzige Forderung darin besteht, einen kleinen Teil unseres einst großen Landes in Frieden besitzen zu können. Schaut zurück und führt euch die Länder vor Augen, aus denen ihr uns vertrieben habt bis hierher, zu diesem Fleckchen Erde. Wir können uns nicht noch

weiter zurückziehen, denn das Land hinter dem Unseren wirft kaum genug Nahrung ab für seine gegenwärtigen Bewohner, und wir haben deshalb beschlossen,
unsere Gebeine in diesem kleinen Gebiet zur Ruhe zu
legen, auf das wir nun beschränkt worden sind.

24. SAGOYEWATHA/RED JACKET II
(SENECA), 1805

Textvorlage: Norman B. Wood. Lives of Famous Indian Chiefs, Aurora (Illinois) 1906, S. 254–256

Hintergrund: In der unten stehenden Rede antwortete Red Jacket dem Missionar Reverend Jacob Cram von der Boston Missionary Society, der die Seneca im christlichen Glauben unterweisen wollte. Er sprach dabei den Missionar, der ja alleine anwesend war, im Singular an, gebrauchte aber den Plural, wenn er die Weißen insgesamt meinte.

Nach Red Jackets Rede verweigert Cram den Handschlag zum Abschied mit den Worten: »Es gibt keine Gemeinschaft zwischen der Religion Gottes und der des Teufels.«

Die Rede: Freund und Bruder: Dass wir beide uns heute treffen sollten, war der Wille des Großen Geistes. Er lenkt alles Geschehen und hat uns für unsere Zusammenkunft einen herrlichen Tag bereitet. Er hat den Vorhang vor der Sonne zur Seite gezogen und lässt sie hell auf uns scheinen. Für all das danken wir dem großen Weltenherrscher, und ihm *allein*!

Bruder, von euch wurde dieses Ratsfeuer entzündet. Auf eure Bitte hin sind wir zum jetzigen Zeitpunkt zusammengekommen. Wir haben freundlich angehört, was ihr uns gesagt habt. Ihr habt uns gebeten, unsere Meinung frei zu äußern. Das freut uns sehr, denn wir können jetzt annehmen, dass wir aufrecht vor euch stehen und sagen können, was wir denken. Alle haben eure Rede gehört, und wir können wie mit einer Stimme zu euch sprechen. Unsere Ansichten stimmen überein.

Bruder, hört, was wir sagen! Es gab eine Zeit, als dieses große Land unseren Vorfahren gehörte. Ihre Wohnplätze erstreckten sich von Sonnenaufgang bis Sonnenuntergang. Der Große Geist hatte das Land erschaffen und den Indianern zum Gebrauch übergeben. Er hatte den Büffel erschaffen, Reh und Hirsch und andere Tiere zur Nahrung. Er hatte den Bär und den Biber erschaffen. Ihre Felle dienten als Kleidung. Er hatte sie über das Land verteilt und uns gelehrt, wie man sie fängt. Er hatte die Erde Mais hervorbringen lassen, damit wir Brot haben. All dies hatte er für seine roten Kinder getan, weil er sie liebte. Wenn wir Streitigkeiten wegen unserer Jagdgründe hatten, wurden diese meist ohne viel Blutvergießen beigelegt. Aber dann kam der Tag, mit dem unser Unglück begann. Eure Vorfahren überquerten das große Wasser und landeten auf dieser Insel. Es waren wenige. Sie fanden in uns Freunde und keine Feinde. Sie erzählten uns, dass sie wegen böser Menschen aus ihrem eigenen Land geflohen und hierhergekommen waren, um ihre Religion ausüben zu können. Sie baten um ein wenig Platz, wo sie sich niederlassen könnten. Wir hatten Mitleid mit ihnen und erfüllten ihnen ihre Bitte, und sie ließen sich bei uns nieder. Wir gaben ihnen Mais und Fleisch; sie gaben uns Gift[54] dafür.

Nun, Bruder, hatten die weißen Menschen unser Land gefunden. Die Kunde davon wurde in das Land der Weißen zurückgetragen, und es kamen mehr, um bei uns zu leben. Aber noch immer fürchteten wir sie nicht. Wir begegneten ihnen als Freunde. Sie nannten uns Brüder, und wir glaubten ihnen und gaben ihnen mehr Land. Mit der Zeit waren es sehr viel mehr geworden. Sie beanspruchten noch mehr Siedlungsgebiete, sie wollten unser ganzes Land. Unsere Augen waren uns aufgegangen, und unser Gemüt wurde unruhig. Es gab Kriege. Indianer wurden angeworben, um gegen Indianer zu kämpfen, und viele aus unserem Volk gin-

---

[54] Schnaps und Rum.

gen zugrunde. Auch den Alkohol verbreiteten die Weißen unter uns. Der war stark und mächtig und hat Tausende umgebracht.

Brüder, unsere Siedlungsgebiete waren einmal groß und eure klein. Ihr seid nun ein großes Volk geworden, und wir haben kaum noch Platz genug, um unsere Decken zum Schlafen auszubreiten. Ihr habt unser Land, aber das reicht euch nicht, ihr wollt uns auch noch eure Religion aufzwingen.

Bruder, hört weiter. Ihr sagt, ihr seid gesandt worden, um uns zu lehren, den Großen Geist so zu verehren, wie er verehrt werden möchte; und wenn wir nicht die Religion annähmen, die ihr Weiße lehrt, würden wir im Jenseits unglücklich. Ihr sagt, ihr hättet recht und wir seien im Irrtum. Woher wissen wir, dass das stimmt? Wir haben gehört, dass eure Religion in einem Buch niedergeschrieben ist. Wenn dieses auch für uns gedacht gewesen wäre, warum hat der Große Geist nicht uns – und nicht erst uns, sondern auch schon unseren Vorfahren – dieses Buch offenbart und dazu die Mittel, es richtig zu verstehen? Wir wissen nur das, was ihr uns darüber berichtet. Wie sollen wir wissen, wann wir glauben können, wo wir doch von den Weißen schon so oft betrogen worden sind?

Bruder, ihr sagtet, es gebe nur einen Weg, den Großen Geist zu verehren und ihm zu dienen. Wenn es nur eine Religion gibt, warum gibt es bei euch Weißen dann so viele Unterschiede in dieser Hinsicht? Warum sind sich nicht alle einig, da ihr doch alle das Buch lesen könnt?

Bruder, wir verstehen dies alles nicht. Ihr erzählt uns, dass eure Religion euren Vorvätern geschenkt und immer vom Vater an den Sohn weitergegeben worden sei. Wir haben auch eine Religion, die unseren Vätern geschenkt und an uns, ihre Kinder, weitergegeben worden ist. Wir richten uns nach ihr. Diese Religion lehrt uns, dankbar zu sein für alles Gute, das wir empfangen, einander zu lieben und einig zu sein. Wir streiten nie über Religion, weil sie eine persönliche Angelegenheit zwischen jedem einzelnen Menschen und dem Großen Geist ist.

Brüder, wir wollen eure Religion weder zerstören noch sie euch wegnehmen, wir wollen nur unsere eigene behalten.

Bruder, wir haben erfahren, dass ihr auch zu den Weißen hier am Ort gesprochen habt. Diese Menschen sind unsere Nachbarn. Wir kennen sie gut. Wir werden eine kleine Weile warten und sehen, welche Auswirkungen eure Predigt auf sie hat. Wenn wir feststellen, dass sie ihnen guttut, sie ehrlich macht und weniger geneigt, die Indianer zu betrügen, werden wir das, was ihr gesagt habt, nochmals überdenken.

Bruder, ihr habt nun unsere Rede gehört, und dies ist alles, was wir derzeit zu sagen haben. Da wir nun auseinandergehen werden, kommen wir und reichen euch unsere Hände, und hoffen, dass der große Geist euch auf eurer Reise beschützen und euch sicher zu euren Freunden heimkehren lassen möge.

25. Sagoyewatha/Red Jacket III
(Seneca), Mai 1811

Textvorlage: Benjamin Bussey Thatcher. Indian Life and Battles. Akron 1910, S. 312–314; der Text wurde zuerst veröffentlicht unter dem Titel Native Eloquence in Canandaigua, dann häufig nachgedruckt, unter anderem in der Zeitschrift American Speaker 1816, S. 378f.

Hintergrund: Die vorliegende Rede richtete Red Jacket bei einer Ratsversammlung in Buffalo Creek an Reverend John Alexander von der Missionary Society New York.

Die Rede: Bruder! Wir haben eure Rede gehört, die ihr uns von der Versammlung der Schwarzröcke in New York überbracht habt. Wir haben eure Rede und die Vorschläge, die Ihr uns gemacht habt, gründlich durchdacht. Wir geben euch nun unsere Antwort und wünschen uns, dass *ihr* diese ebenfalls gut bedenkt. Wir sind zu unseren Entschlüssen gekommen, indem wir Rückschau gehalten und sowohl das in unsere Überlegungen mit einbezogen haben, was sich in unseren Tagen ereignet, als auch das, was früher passierte, und schließlich das, von dem uns unsere Väter erzählt haben, dass es früher geschah.

Bruder! Es sind schon sehr viele Schwarzröcke zu den Indianern gekommen. Mit süßen Stimmen und lächelnden Gesichtern machten sie sich daran, die Religion der Weißen zu predigen. Unsere Brüder im Osten hörten auf sie. Sie wandten sich vom Glauben ihrer Väter ab und nahmen die Religion der Weißen an. Was hat ihnen das gebracht? Sind sie freundlicher zueinander, als wir es sind? Nein, Bruder! Sie sind jetzt ein gespaltenes Volk – wir sind einig. Sie streiten über Religion – wir leben in Liebe und Freundschaft. Außerdem trinken sie harte Getränke. Und sie haben betrügen gelernt und sich all die anderen Laster der Weißen angewöhnt, ohne deren Tugenden mit zu übernehmen. Bruder! Wenn du uns wohlwillst, bleibe weg von uns, störe uns nicht.

Bruder! Wir verehren den Großen Geist nicht so, wie die Weißen es tun, aber wir glauben, dass es dem Großen Geist unwichtig ist, in welcher Form er verehrt wird. Ihn erfreut, wenn ihm aufrichtigen Herzens gehuldigt wird, und das tun wir.

Nach eurer Religion müssten wir an einen Vater und Sohn glauben, sonst würden wir im Jenseits nicht glücklich. Wir haben immer an einen Vater geglaubt, und wir verehren ihn, wie unsere Alten es uns gelehrt haben. In eurem Buch steht, dass der Sohn vom Vater auf die Erde geschickt worden ist. Glaubten alle Leute, die ihn sahen, dem Sohn? Nein, das taten sie nicht. Und wenn ihr das Buch gelesen habt, müssten euch die Konsequenzen bekannt sein.

Bruder! Ihr möchtet, dass wir unsere Religion gegen eure austauschen. Wir wollen aber unsere Religion behalten und keine andere annehmen. Unsere Freunde hier [er zeigt auf Mr. Erastus Granger (1765–1826), den Seneca-Bevollmächtigten, und zwei andere Weiße] tun uns viel Gutes; sie beraten uns, wenn wir Schwierigkeiten haben; sie bringen uns bei, was wir bei gesundheitlichen Beschwerden tun können, damit wir uns wieder wohlfühlen. Unsere Freunde, die Quäker,[55] tun ein Weiteres. Sie geben uns Pflüge und zeigen uns, wie wir damit umzugehen haben. Sie sagen uns, dass wir wichtig und wertvoll sind. Aber sie sagen uns nicht, dass wir unsere Religion wechseln müssen. – Mit dem, was

---

[55] Eine aus dem Christentum hervorgegangene Erweckungsbewegung, die in Pennsylvania zum ersten Mal in ihrer Geschichte Religionsfreiheit genoss. Zu ihr gehörte auch William Penn.

sie tun und mit dem, was sie sagen, sind wir zufrieden.

Bruder! Aus diesen Gründen können wir eure Vorschläge nicht annehmen. Wir haben anderes zu tun, und wir bitten euch, lasst nach in eurem Drängen und behelligt uns nicht mehr, sonst werden unsere Köpfe zu vollgestopft und könnten noch zerbersten.

26. Sagoyewatha/Red Jacket IV
(Seneca), Mai 1811

Textvorlage: Benjamin Bussey Thatcher. Indian Life and Battles. Akron 1910, S. 314–317

Hintergrund: In dem oben erwähnten Vertrag von Big Tree (jetzt Geneseo, NY) 1797 verkauften Red Jacket, Cornplanter und 50 weitere Irokesenführer Seneca-Land für 100000 Dollar an Robert Morris (1734–1806), einen Kaufmann und Mitunterzeichner der Unabhängigkeitserklärung der USA. Lange hatte Red Jacket versucht, seine Stammesgenossen von diesem Schritt abzuhalten, doch Morris bestach sie mit Alkohol und Schmuck, und nicht wenige ließen sich darauf ein. Mit einem großen Teil seines Ankaufs spekulierte Morris nur und verkaufte ihn weiter; lediglich eine kleine Fläche behielt er für sich zurück.

Anlässlich der Versammlung, bei der auch die vorige Rede gehalten wurde, äußerte sich Red Jacket nun zu einem weiteren Kaufgesuch eines weißen Spekulanten namens Richardson von der Ogden Land Company.

Die Rede: Bruder! Der Rede, die ihr kürzlich bei unserem Ratsfeuer gehalten habt, haben wir mit offenen Ohren zugehört. Wenn es um wichtige Dinge geht, ist es am besten, keine langen Geschichten zu erzählen, sondern mit kurzen Worten zur Sache zu kommen. Wir werden eure Rede deshalb nicht wiederholen, sie ist noch frisch in unser aller Gedächtnis. Wir haben sie gut durchgedacht, ebenso den Vorteil und die Nachteile eurer Vorschläge. Wir bitten euch nun um Aufmerksamkeit für unsere Antwort, die nicht allein die Meinung des Redners darstellt, sondern die Meinung aller Sachems und Häuptlinge, welche jetzt hier um unser Ratsfeuer herum sitzen.

Bruder! Wir wissen, dass große Männer genauso wie große Nationen unterschiedliche Interessen und unterschiedliche Vorstellungen vom Leben haben und nicht alles im selben Lichte sehen – aber wir hoffen, dass es für euch und eure Vorgesetzten möglich sein wird, unsere Antwort zu akzeptieren.

Bruder! Euer Antrag auf den Kauf von Teilen unseres Landes erscheint uns sehr merkwürdig. Er kommt auf krummen Wegen daher. Ihr habt nicht den geraden Pfad eingeschlagen, wie er von dem großen Rat eurer Nation aufgezeigt worden ist. Ihr habt keine Schriftstücke von eurem großen Vater, dem Präsidenten, in euren Händen. Um zu unserem Entschluss zu gelangen, haben wir in die Vergangenheit zurückgeblickt und uns daran erinnert, auf welche Weise die Yorker in früheren Zeiten Land von uns gekauft haben. Sie kauften die Grundstücke einzeln, Parzelle für Parzelle, für wenig Geld, das sie einigen wenigen Männern unseres Volkes bezahlten und nicht allen unseren Brüdern, so lange, bis unsere verbleibenden Ackerböden und Jagdgründe sehr klein geworden waren, und wenn wir auch noch *sie* verkaufen, wissen wir nicht, wohin wir uns mit unseren Decken zum Schlafen legen sollen.

Bruder! Ihr sagt uns, dass eure Auftraggeber vom Rat der Yorker ein Recht gekauft haben, unsere Länder zu kaufen. Wir verstehen nicht, wie das sein kann. Das Land gehört den Yorkern nicht, es ist unser und es ist uns vom Großen Geist gegeben worden.

Bruder! Es kommt uns eigenartig vor, dass ihr das Land unserer Brüder im Osten überspringt und zu unserem so weit entfernt liegenden Ratsfeuer kommt, um bei uns Land zu kaufen. Als wir den Weißen Teile unseres Landes im Osten verkauften, beschlossen wir, die Gebiete, die wir behielten und auf denen wir von der Größe her gerade noch bequem leben können, niemals zu verkaufen.

Bruder! Ihr wollt, dass wir mit euch reisen und neues Land suchen. Würden wir unser Land verkaufen und in eine ferne Gegend Richtung Sonnenuntergang ziehen, so würden wir dort als Fremde, als Ausländer behandelt. Wir würden sowohl von Roten als auch von Weißen abschätzig betrachtet, und wir wären auch dort bald ringsum von Weißen umgeben, die unser Wild töten und auf unser Land drängen und versuchen würden, es uns zu abzunehmen.

Bruder! Wir sind entschlossen, unser Land nicht zu verkaufen, sondern weiter darauf zu wohnen. Wir schätzen das Land sehr. Es ist fruchtbar und liefert uns Mais im Überfluss als Nahrung für unsere Frauen und Kinder und Gras und Kräuter für unser Vieh.

Bruder! Bei den Versammlungen, die abgehalten worden waren, um mit uns Verträge über den Verkauf unseres Landes abzuschließen, erzählten uns die Weißen mit süßen Stimmen und lächelnden Gesichtern, dass sie uns liebten und uns nicht betrögen, sondern dass die Kinder des Königs auf der anderen Seite des Sees uns betrögen. Wenn wir auf die andere Seite des Sees gehen, sagen uns die Kinder des Königs, dass es *eure* Leute sind, die uns betrügen werden. Dies alles ist schwer für uns zu durchschauen, und wir glauben deshalb, dass die Indianer für sich selbst sorgen müssen und weder euch noch den Kindern des Königs trauen dürfen.

Bruder! Bei einer kürzlich abgehaltenen Ratsversammlung baten wir unsere Bevollmächtigten, euch zu sagen, dass wir nicht bereit sind, unser Land zu verkaufen, und wir denken, ihr habt mit diesen Bevollmächtigten nicht gesprochen, sonst hätten sie euch das gesagt, und wir hätten euch jetzt nicht an unserem Ratsfeuer vorgefunden.

Bruder! Die Weißen kaufen und verkaufen falsche Rechte auf unsere Länder, und eure Auftraggeber haben, wie ihr sagt, einen hohen Preis für ihre Rechte bezahlt. Sie müssen sehr viel Geld haben, wenn sie es ausgeben können für den Kauf falscher Rechte auf Land, das Indianern gehört. Der Verlust dieses Geldes wird ihnen nicht wehtun, aber unser Land ist uns sehr wertvoll, und wir wünschen, dass ihr mit dem, was wir euch gesagt haben, zu euren Auftraggebern zurückgeht und ihnen und den Yorkern sagt, dass sie kein Recht haben, falsche Rechte auf unsere Länder zu kaufen und zu verkaufen.

Bruder! Wir hoffen, dass ihr die Gedanken, die wir dargelegt haben, wohl verstanden habt. Dies ist alles, was wir zu sagen haben.

27. Sagoyewatha/Red Jacket V
(Seneca), um 1829

Textvorlage: Norman B. Wood. Lives of Famous Indian Chiefs, Aurora (Illinois) 1906, S. 281

Hintergrund: In seinen letzten Lebensjahren lebte Red Jacket in Buffalo (New York) und war gezeichnet vom Alkoholmissbrauch, was ihm selbst auch bewusst war. In seiner letzten öffentlichen Rede, die unten abgedruckt ist, sagt er seinen Leuten den vollständigen Verlust des Stammesgebietes voraus, womit er innerhalb weniger Jahre nach seinem Tod recht behielt, da die Seneca durch Betrug und Gewalt vertrieben wurden. Allerdings gelang ihnen die spätere Rückgewinnung einiger Gebiete.

Red Jacket starb 1830 und wurde in Buffalo begraben. Auf dem dortigen Friedhof erhielt er ein Denkmal.

Die Rede: Ich werde euch bald verlassen, und wenn ich weg bin und meine Warnungen nicht länger gehört und beachtet werden, wird die Macht und die Heimtücke des weißen Mannes den Sieg davontragen. Viele Winter lang habe ich mich dem Sturm entgegengestellt, aber ich bin ein alter Baum, und ich kann nicht mehr länger stehen. Meine Blätter sind abgefallen, meine Zweige vertrocknet und jeder Windhauch lässt mich erbeben. Bald wird mein alter Stamm darniederliegen, und der frohlockende Feind der Indianer wird gefahrlos seinen Fuß daraufsetzen können; denn ich habe niemanden, der eine solche Schmach rächen kann. Denkt nicht, ich trauere um mich selbst. Ich gehe zu den Geistern meiner Väter in ein Land, in dem es kein Altern gibt; aber das Herz stockt mir in der Brust, wenn ich an mein Volk denke, das bald in alle Winde zerstreut und vergessen sein wird.

28. Ongpatonga/Big Elk
(Omaha), 14. Juli 1811

Textvorlage: Samuel G. Drake: Biography and History of the Indians of North America, from its first Discovery. Boston 111851, S. 633

Hintergrund: Die Omaha sind ein Stamm aus der Sioux-Sprachfamilie und hatten zu Beginn des 19. Jahrhunderts ihre Wohnsitze am Missouri River, wohin sie von ihrem weiter westlich gelegenen Ursprung in Virginia und den späteren Carolina-Staaten gezogen waren. Die Omaha waren gesellschaftlich stark, aber nicht starr gegliedert und lebten von Jagd und Ackerbau. Durch Handel, Reitkunst und kluge Friedenspolitik stiegen sie am Ende des 18. Jahrhunderts unter Führung des Häuptlings Blackbird zum bedeutendsten Stamm der Region auf. Er starb aber mit einigen Hundert Stammesmitgliedern bei einer Pockenepidemie um 1800.

Big Elk, geb. 1765/70, folgte Washinggusaba/Blackbird als oberster Häuptling der Omaha aufgrund seiner im Krieg gegen die Pawnee erworbenen Verdienste und weil er für seine Gerechtigkeit geschätzt wurde. Die unten stehende Rede ist eine Grabrede auf den Häuptling der Teton-Lakota Black Buffalo (auch Black Bull oder Untongarabar genannt) und wird von manchen Herausgebern auch in das Jahr 1813 datiert. Black Buffalo wird auch im Bericht der Lewis & Clark Expedition erwähnt, die den Weg zum Pazifik erkunden sollte. Für die Expedition war die Passage des Missouri River an der Einmündung des Bad River unverzichtbar. An dieser Stelle begegneten die Kundschafter im September 1804 den Tenton-Lakota unter Häuptling Black Buffalo, seinem Rivalen The Partisan und als drittem Anführer Buffalo Medicine. An die indianischen Bewacher der Passage hielt Meriwether Lewis die für solche Fälle vorgesehene Rede und bedachte die Häuptlinge mit den üblichen Geschenken. Durch Fehler des Übersetzers kam es zu Missverständnissen, und die Häuptlinge zeigten sich mit den Geschenken in keiner Weise zufrieden. Nachdem William Clark die Häuptlinge bei einer Einladung betrunken gemacht hatte, kam es bei deren Rückkehr zum Streit und beinahe zu einer heftigen Schießerei, die Black Buffalo im letzten Moment verhinderte. Erst nach weiteren Zahlungen in Form von Tabak und einigen Zusicherungen, ermöglichte Black Buffalo letztlich die Weiterfahrt der Expedition.

Big Elk reiste zweimal nach Washington (1821 und 1837), um Verträge abzuschließen. 1843 starb er an einem Fieber, das drei Tage nach einem Jagdausflug bei ihm ausgebrochen war. Er wurde in Bellevue (Nebraska) begraben.

Die Omaha mussten später weiter nach Süden wandern, bis sie 1856 in ein Reservat zogen.

Die Rede: Trauert nicht. Auch die Weisesten und Besten bleiben nicht von Unheil verschont. Der Tod kommt, und er kommt immer ungelegen. Er kommt auf Befehl des Großen Geistes, und alle Völker und Menschen müssen ihm Folge leisten. Was vorbei ist, was nicht verhindert werden konnte, das sollte nicht betrauert werden. Seid nicht entmutigt oder ungehalten, weil ihr hier beim Besuch eures Vaters [des amerikanischen Indianer-Beauftragten] euren Häuptling verloren habt. Möge euch nie wieder ein derartiges Unglück treffen, dieses hätte euch aber auch in eurem eigenen Dorf zustoßen können. Fünfmal schon bin ich hier an diesem Ort gewesen, und noch nie bin ich mit Trauer und Schmerz nach Hause gekommen. Das Unglück wächst nicht speziell nur an unserem Weg, es gedeiht überall. Welch Unglück für mich, dass anstelle eures Häuptlings, der jetzt vor uns liegt, an diesem Tag nicht ich es war, der gestorben ist. Der unbedeutende Verlust, den meine Nation durch meinen Tod erlitten hätte, wäre durch die Ehrungen anlässlich meines Begräbnisses doppelt wiedergutgemacht worden. Diese Ehrbezeigungen hätten allen Schmerz wie weggewischt. Statt von einer Wolke des Kummers umhüllt zu sein, hätten meine Krieger den Sonnenschein der Freude in ihren Herzen gespürt. Für mich wäre es ein höchst glorreiches Ereignis gewesen. Statt mit einer prächtigen Prozession und in einem Ehrengrab beerdigt zu werden, bei brausender Musik und Kanonendonner und mit einer wehenden Fahne über meinem Haupt,[56] werde ich, wenn ich zu Hause sterbe, nur in ein Gewand gehüllt (ein altes Gewand vielleicht noch dazu), auf ein schmales Gestell gelegt und hoch oben den pfeifenden Winden ausgesetzt,[57] um nach kurzer Zeit herunter geweht zu werden auf die Erde, wo mein Fleisch den Wölfen zum Verzehr preisgegeben ist und die wilden Tiere meine klappernden Knochen über die Prärie verstreuen. Häuptlinge der Soldaten,[58] eure Bemühungen waren nicht vergeblich. Eure Aufmerksamkeit wird euch nicht vergessen werden. Mein Volk wird erfahren, welchen Respekt ihr dem Toten gezollt habt. Wenn ich wiederkomme, wird der Klang eurer Salutschüsse immer noch in mir nachhallen.

---

[56] Hier wird ein europäisches Begräbnis mit militärischen Ehren beschrieben.

[57] Wohl um die sterblichen Überreste vor wilden Tieren zu schützen.

[58] Mit diesen Worten wendet er sich an die Anwesenden, Gouverneur Edwards und Colonel Miller.

29. TECUMSEH I (SHAWNEE), SEPTEMBER 1811

Textvorlage: Horatio Bardwell Cushman: History of the Choctaw, Chickasaw and Natchez Indians. Greenville (Texas) 1899, S. 248–252

Hintergrund: Nach 1794 gingen die Shawnee ein Bündnis mit dem Stamm der Miami ein, konnten sich aber nicht gegen den im folgenden Jahr geschlossenen Vertrag von Greenville wehren, den viele von ihnen unterzeichneten und in dem sie wieder große Gebiete ihres Landes aufgeben mussten. Diejenigen, die sich weigerten zu unterzeichnen, zogen nach Süden und schließlich an den White River und dann nach Ohio. Zu ihnen gehörte Häuptling Tecumseh.

Tecumseh war 1768 in dem Shawnee-Dorf Piqua im Gebiet von Ohio geboren worden. Sein Vater war Pukeshinaw und fiel 1774 in der Schlacht von Point Pleasant im Dunmores Krieg (1773–1774 zwischen den Shawnee und Mingo einerseits und der Kolonie Virginia andererseits) durch die Virginia-Miliz. Seine Mutter Methoataske kam aus dem Stamm der Creek oder der Cherokee. Erzogen wurde Tecumseh nach dem Weggang seiner Mutter vermutlich vor allem von seiner Schwester Tecumapease, von der er wohl seine menschenfreundliche Gesinnung übernommen hatte. Sein Bruder war Tenskwatawa, der nach einer Vision 1805 als indianischer Prophet auftrat und ähnliche Inhalte predigte wie 50 Jahre zuvor Neolin (vgl. die Einleitung zur Rede I von Pontiac). Tecumseh war einer der wichtigsten militärischen Führer der nordamerikanischen Indianer. Er strebte eine gesamtindianische Allianz an, die als einzige Koalition überhaupt den Weißen machtpolitisch auf Augenhöhe hätte entgegentreten können und den Schaden, den einzelne bestochene Häuptlinge immer wieder anrichteten, verhindern sollte.

Schon in jungen Jahren nahm er an verschiedenen Kämpfen gegen die vordringenden weißen Kolonisten teil, unter anderem an der unglücklichen Schlacht von Fallen Timbers, bei der auch einige seiner Brüder fielen. Mit einer Gruppe von Angehörigen verschiedener Stämme, deren Anführer er war, zog er in den folgenden Jahren immer wieder in neue Siedlungsgebiete. Die Zahl seiner Anhänger vergrößerte sich, und er versuchte die Stämme, die sich bereits unter Pontiac und dem Miami-Häuptling Little Turtle gegen die Weißen gewehrt hatten, zu gewinnen.

1809 traten im Vertrag von Fort Wayne die Delaware, Miami und Potawatomi eine riesige Landfläche an die USA, vertreten durch William Henry Harrison, den späteren Präsidenten, ab. Dieses Land hatte Tecumseh eigentlich als Grenzgebiet bzw. Pufferzone vorgesehen, um den weißen Vormarsch aufzuhalten. Mehrfach bemühte er sich in Gesprächen und Drohungen, die Okkupation des betreffenden Landes zu verhindern, doch vergeblich. Tecumseh warb bei anderen Stämmen in Florida, Missouri und den Great Plains um Mitglieder für die Allianz. Die unten stehende Rede hielt er an die Choktaw[59] und Chickasaw. Die Chickasaw lebten bei ihren ersten Kontakten mit Weißen in Person Hernando de Sotos 1540 in der Gegend des heutigen US-Bundesstaates Mississippi und teilen sich in zwei Gruppen: die Impsaktea und die Intcutwalipa. Als Krieger sind sie schon mit den Spartanern verglichen worden. Nach dem Auftauchen der Engländer in Carolina trieben sie Handel mit den neuen Siedlern. Damals waren sie noch Feinde der Choctaw und bekriegten sie, von den Engländern mit Waffen unterstützt. Im 18. Jahrhundert kämpften sie gegen die Franzosen. 1786 schlossen sie einen Vertrag mit den USA.

Im November 1811 allerdings vernichtete General William Henry Harrison, der spätere Präsident, die Truppen des bestehenden Bündnisses in der Schlacht bei Tippecanoe gänzlich. In dem im folgenden Jahr ausbrechenden Krieg

---

[59] Zu ihnen vgl. die Einleitung zur ersten Rede Pushmatahas, die eine unmittelbare Erwiderung auf die erste Rede Tecumsehs darstellt.

zwischen den USA und England kämpften Tecumsehs Truppen auf der Seite Englands. Tecumseh fiel nach mehreren bemerkenswerten und durchaus beachteten militärischen Leistungen 1813 in einer Schlacht am Thames in Ohio. Den Krieg gewannen die USA. Ein Aufhalten der weißen Siedler war nun nicht mehr möglich.

Die Mehrheit des Stammes wurde 1830 zwangsumgesiedelt. Im Bürgerkrieg hielten sie zu den Südstaaten und waren die letzte Gemeinde, die gegenüber den Nordstaaten kapitulierte.

Die Rede: Wir sind heute Abend hier zu einer feierlichen Ratsversammlung zusammengekommen, um Angelegenheiten von großer Tragweite zu besprechen. Nicht darüber, ob uns Unrecht und Schäden zugefügt worden sind, sollten wir an dieser Stelle diskutieren, sondern darüber, mit welchen Maßnahmen wir Vergeltung üben sollten; denn unsere erbarmungslosen Unterdrücker haben ihre Strategie schon lange geplant. Sie haben nicht etwa erst in Zukunft vor, die Stämme unseres Volkes zu attackieren, die bisher in ihrer Haltung noch unentschlossen sind, nein, sie haben uns bereits angegriffen und tun es weiterhin. Wir sind auch nicht ganz uninformiert darüber, auf welche Weise und in welch allmählich zunehmendem Ausmaß die Weißen stetig weiter in die Gebiete unserer Nachbarn vordringen. Im Glauben, man bemerke sie noch nicht, verhalten sie sich eher vorsichtig. Zu diesem Anschein von Harmlosigkeit tragt auch ihr euren Teil bei, denn ihr seid blind gegenüber dem, was sich tatsächlich abspielt. Die Weißen sind bereits fast so stark wie wir alle zusammen und schon zu stark, als dass ihnen irgendein einzelner Stamm alleine noch widerstehen könnte. Wenn wir uns also nicht gegenseitig mit all unseren geballten gemeinsamen Kräften unterstützen, wenn sich nicht jeder Stamm entschlossen mit den anderen zusammentut, um dem Ehrgeiz und der Gier der Weißen

Einhalt zu gebieten, wenn wir also weiterhin getrennt handeln und uns nicht miteinander verbünden, dann werden sie uns bald besiegen, und wir werden aus unserem Land vertrieben und in alle Winde zerstreut werden.

Aber haben wir denn nicht genügend Mut, unser Land weiter zu verteidigen und uns unsere überkommene Unabhängigkeit zu bewahren? Wollen wir wirklich ruhig hinnehmen, wie die weißen Eindringlinge und Tyrannen uns zu unterjochen versuchen? Soll von unserem Volk einmal gesagt werden, dass wir es nicht geschafft haben, uns von den drei schlimmsten Übeln – Torheit, Tatenlosigkeit und Feigheit – zu befreien? Aber warum von der Vergangenheit sprechen? Sie spricht für sich selbst und fragt uns: »Wo sind heute die Pequod? Wo sind die Narragansett, die Mohawk, Pocanoket[60] und viele andere früher so mächtige Stämme unseres Volkes? Unter der Habgier und Unterdrückung der Weißen haben sie sich aufgelöst wie Schnee in der Frühlingssonne. In der vergeblichen Hoffnung, ihren angestammten Besitz alleine verteidigen zu können, sind ihre Kämpfer in den Kriegen mit den Weißen gefallen. Schaut euch um in ihrem einst so schönen Land: Was seht Ihr? Nichts als die Verwüstungen, die die bleichgesichtigen Zerstörer dort angerichtet haben. So wird es auch mit euch Choctaw und Chickasaw kommen! Die Bäume eurer mächtigen Wälder, unter deren weit ausladender Zweige Schatten ihr als Kinder gespielt habt und als Jungen herumgetollt seid und unter denen ihr heute eure müden Glieder ausruht von den Strapazen der Jagd, werden bald gefällt und ihr Holz wird zersägt werden für Zäune um das Land, das die weißen Eindringlinge sich erdreisten, das Ihrige zu nennen. Bald werden die breiten Straßen der Weißen

---

[60] Die Pocanoket waren ein Wampanoag-Stamm, der im Gebiet des heutigen Massachusett lebte.

quer über die Gräber eurer Väter führen, ihre Ruhestätte wird für immer dem Erdboden gleichgemacht sein. Die Auslöschung unseres Volkes steht bevor, wenn wir uns nicht zu einem gemeinsamen Vorgehen gegen den gemeinsamen Feind zusammenfinden. Denkt nicht, ihr mutigen Choctaw und Chickasaw, dass ihr angesichts der gemeinsamen Gefahr gleichgültig bleiben und untätig verharren könnt! Auch eure Leute werden bald, vom giftigen Odem der Weißen berührt, niederfallen wie das Laub im Herbst und zerstreut werden wie Wolken vor dem Wind. Auch ihr werdet aus eurem Land und euren ererbten Gebieten weggetrieben und fortgeweht werden wie Blätter von den Stürmen des Winters.

Schlaft nicht länger, ihr Choctaw und Chickasaw, in falscher Sicherheit und trügerischen Hoffnungen. Unsere weiten Länder entgleiten zunehmend unserem Griff. Jedes Jahr werden die weißen Eindringlinge uns gegenüber gieriger, fordernder, unterdrückerischer und anmaßender. Jedes Jahr entstehen Konflikte zwischen ihnen und unserem Volke, und wenn Blut fließt, müssen wir, gleich ob zu Recht oder zu Unrecht, einen hohen Preis dafür bezahlen, sei es, dass unsere bedeutendsten Häuptlinge ihr Leben in den Kämpfen lassen, oder sei es, dass wir große Flächen Landes hergeben müssen. Bevor die Bleichgesichter zu uns kamen, genossen wir das Glück unbegrenzter Freiheit und kannten weder Reichtum noch Mangel noch Unterdrückung. Wie ist es jetzt? Mangel und Unterdrückung sind unser Los; denn werden wir nicht in allem kontrolliert? Dürfen wir es überhaupt noch wagen umherzuziehen, ohne um Erlaubnis zu fragen? Werden wir nicht Tag für Tag des wenigen beraubt, was uns noch von unserer alten Freiheit geblieben ist? Stoßen und schlagen sie uns heute nicht schon genauso, wie sie es mit den Schwarzgesichtern machen? Wie lange wird es noch dauern, bis sie uns an einen Pfahl binden, uns auspeitschen und uns zwingen, in ihren Maisfeldern zu arbeiten, so wie sie es mit jenen tun? Sollen wir abwarten, bis dieser Augenblick kommt, oder sollen wir kämpfend sterben, bevor wir uns einer solchen Schmach aussetzen?

Erleben wir nicht schon seit Jahren Dinge, die zeigen, welcher Art ihre Absichten sind, und sind dies nicht Hinweise, nur allzu deutliche, auf das, was sie in Zukunft noch vorhaben? Werden wir nicht bald alle aus unseren Ländern und von den Gräbern unserer Ahnen vertrieben werden? Werden nicht die Knochen unserer Toten von ihren Pflügen bloßgelegt und die Gräber in Felder verwandelt werden? Sollen wir untätig abwarten, bis sie so zahlreich sind, dass wir nicht mehr länger in der Lage sein werden, der Unterdrückung zu widerstehen? Wollen wir warten, bis auch wir vernichtet werden, ohne etwas zu unternehmen, das unseres Volkes würdig wäre? Sollen wir kampflos unsere Wohnplätze aufgeben, unser Land, das uns der Große Geist vermacht hat, die Gräber unserer Toten und alles, was uns wertvoll und heilig ist? Ich weiß, ihr werdet mit mir zusammen rufen: Niemals! Niemals! Dann lasst sie uns durch einiges Handeln alle vernichten, wie wir es jetzt noch tun können, oder sie dahin zurücktreiben, wo sie hergekommen sind. Krieg oder Untergang, das ist jetzt unsere einzige Wahl. Was wählt ihr? Ich weiß, wie eure Antwort ausfällt. Deshalb rufe ich euch jetzt auf, tapfere Choctaw und Chickasaw, mitzuhelfen bei der gerechten Sache der Befreiung unseres Volkes aus dem Griff der ruchlosen Invasoren und herzlosen Unterdrücker. Die widerrechtliche Aneignung unseres ganzen Landes durch die Weißen muss gestoppt werden, sonst werden wir, die rechtmäßigen Besitzer, als Volk für immer vernichtet und ausgelöscht. Ich bin momentan der Anführer einer großen Zahl von Kriegern, und der starke Arm Englands gibt uns durch seine Soldaten Rückendeckung. Chocktaw und Chickasaw, zu lange schon habt ihr die Bitternis ertragen, dass euer Land euch von den arroganten Amerikanern geraubt wird. Lasst euch von ihnen nicht länger an der Nase herumführen. Wenn heute Abend einer hier unter uns ist, der glaubt, dass ihm sein Recht nicht früher oder später von den habgierigen amerikanischen Bleichgesichtern weggenommen wird, so sollte seine Ahnungslosigkeit unser Mitleid erregen, denn er weiß wenig über das Wesen unseres gemeinsamen Feindes. Und wenn einer von euch verrückt genug wäre, die wachsende Macht der bei uns lebenden Weißen zu unterschätzen, bringt ihn zum Zittern durch die Gedanken an das furchtbare Leid, das er unserem ganzen Volk zufügt, wenn er durch seine sträfliche Gleichgültigkeit mitschuldig wird an den üblen Machenschaften unseres gemeinsamen Feindes gegen unser gemeinsames Land. Dann hört auf die Stimme der Pflicht, der Ehre, der Natur und auf die Stimme eures bedrohten Landes. Lasst uns ein Körper werden, ein Herz, und unser Land, unsere Wohnstätten, unsere Freiheit und die Gräber unserer Vorfahren bis zum letzten Krieger verteidigen.

Choctaw und Chickasaw, ihr gehört zu den wenigen Stämmen unseres Volkes, die noch ohne Schwierigkeiten und sorglos leben. Ihr habt wahrlich immer als tapfer gegolten, aber werdet ihr diesen Ruf künftig mehr dem verdanken, was man über euch berichtet oder mehr euren Taten? Werdet ihr zulassen, dass sich die Weißen eure Gebiete bis hin vor eure Haustür aneignen, bevor ihr von eurem Recht auf Widerstand Gebrauch macht? Es möge sich niemand in dieser Ratsversammlung der irrigen Annahme hingeben, dass ich mehr aus Groll auf die amerikanischen Bleichgesichter spreche als vielmehr aus berechtigten Anlässen zur Klage. Eine Klage ist angebracht gegenüber Freunden, die in ihrer Pflicht versagt haben; Anklagen richten sich gegen Feinde, die ein Unrecht begangen haben. Und wenn ein Volk jemals gute und gerechte Gründe und Anlässe mehr als genug dafür hatte, die Amerikaner der Ungerechtigkeit anzuklagen, dann mit Sicherheit wir; besonders angesichts der Schwere des Unrechts, das sie an unserem Volk begangen haben: Sie haben uns weder den gebührenden Respekt erwiesen noch sich irgendwelche Gedanken über uns gemacht. Die Weißen sind Menschen, die immer Neues wollen. Schnell haben sie sich etwas ausgedacht, und schnell haben sie ihre Pläne dann in die Tat umgesetzt, ganz egal, wie groß das Unrecht und die Schäden sind, die uns dadurch zugefügt werden. Wir dagegen geben uns zufrieden damit zu bewahren, was wir schon haben. Ihr Plan ist es, ihren Besitz zu vergrößern, indem sie euch euren Besitz Stück für Stück wegnehmen. Werdet ihr, könnt ihr da noch länger zögern, oh ihr Choctaw und Chickasaw? Glaubt ihr nicht auch, dass das Volk am längsten in Frieden leben wird, das sich rechtzeitig darauf vorbereitet, sich zu verteidigen und das feste Entschlossenheit an den Tag legt, sich sein Recht wieder zu verschaffen, wann immer es Unrecht erleidet? Es ist nicht anders möglich. Dann eilt, unsere gemeinsame Sache zu unterstützen, wie ihr dazu auch durch die Bande des Blutes verpflichtet seid; damit der Tag ferne sei, an dem ihr ohne Hilfe und alleine unserem hartnäckigsten Feind auf Gnade und Ungnade ausgeliefert seid.

30. Tecumseh II (Shawnee), Oktober 1811

Textvorlage: Wallace A. Brice: History of Fort Wayne. Fort Wayne (Indiana) 1868, S. 193–194

Hintergrund: Auch die unten abgedruckte Rede stammt von Tecumsehs Werbefeldzug für seine Allianz. Bei den hier angesprochenen Creek war er erfolgreicher als bei den Choctaw und Chickasaw. Die Adressaten dieser Rede werden in der Einleitung zu Rede IV von Red Eagle vorgestellt.

Die Rede: Im Widerstand gegen die Weißen von Ohio und Kentucky ziehe ich durch ihre Siedlungen, die einst unsere besten Jagdgründe waren. Wenn auch bisher noch kein Signal zur Schlacht gegeben wurde, klebt doch schon Blut an unseren Messern. Die Bleichgesichter spürten den Schlag, aber sie wussten nicht, woher er gekommen war. Verflucht sei die Rasse, die sich unseres Landes bemächtigt und aus unseren Kriegern Frauen gemacht hat. Aus ihren Gräbern heraus werfen uns unsere Väter vor, Sklaven und Feiglinge zu sein. Ich höre ihre Stimmen in den klagenden Lauten des Windes. Die Muskogee [Creek] waren einst ein mächtiges Volk. Die Leute von Georgia zitterten bei eurem Schlachtruf; und an den fernen Seen besangen die jungen Mädchen meines Stammes die Tapferkeit eurer Krieger und sehnten sich nach ihren Umarmungen. Nun ist sogar euer Blut weiß geworden, eure Tomahawks haben keine Schneiden mehr, eure Pfeile und Bogen wurden mit euren Vätern begraben. Oh ihr Muskogee, Brüder meiner Mutter! Wischt den Schlaf der Sklaverei von euren Augenlidern; erhebt euch noch einmal um der Vergeltung, noch einmal um eures Landes willen. Die Geister der mächtigen Toten klagen. Die Tränen tropfen von den Himmeln. Lasst die weiße

Rasse zugrunde gehen! Sie nehmen euer Land, sie verderben eure Frauen, sie trampeln auf euren Toten herum! Zurück mit ihnen! Dahin, wo sie, eine blutige Spur nach sich ziehend, hergekommen sind, müssen sie wieder zurückgetrieben werden! Zurück, zurück – ja, hinein in das große Wasser, dessen verfluchte Wellen sie zu unseren Gestaden brachten. Verbrennt ihre Behausungen! Vernichtet ihre ganzen Vorräte! Tötet ihre Frauen und Kinder! Dem roten Mann gehört das Land, und niemals darf ein Bleichgesicht sich seiner Früchte erfreuen! Krieg heute! Krieg für immer! Krieg den Lebenden! Krieg den Toten! Grabt auch noch ihre Leichen aus den Gräbern! Unser Land darf keine Ruhestätte sein für die Gebeine eines Weißen! Alle Stämme des Nordens tanzen den Kriegstanz. Zwei mächtige Kriegsherren von jenseits des Meeres werden uns Waffen senden.

Tecumseh wird bald in sein Land zurückkehren. Meine Propheten werden noch bei euch bleiben. Sie werden sich zwischen euch und eure Feinde stellen. Wenn der weiße Mann euch angreift, möge ihn die Erde verschlingen. Bald schon werdet ihr meinen feurigen Arm quer über den Himmel leuchten sehen.[61] In Tippecanoe werde ich meinen Fuß aufstampfen, und die ganze Erde wird erbeben.

---

[61] Die Bemerkung könnte sich auf den 1811 erschienen Kometen Flaugergues beziehen, der über viele Monate hinweg mit bloßem Auge zu erkennen und dem Kometen Hale-Bopp ähnlich war.

31. TECUMSEH III (SHAWNEE), WINTER 1811/12

Textvorlage: John D. Hunter, Memoirs of a Captivity among the Indians of North America from Childhood to the Age of Nineteen. London 1823, S. 45–48

Hintergrund: Die unten stehende Rede hielt Tecumseh an die Osage in Missouri.

Die Rede: Brüder! Wir gehören alle zu einer Familie; wir sind alle Kinder des Großen Geistes; wir gehen den gleichen Weg, stillen unseren Durst aus der gleichen Quelle; und nun bringen uns Angelegenheiten von höchster Bedeutung dazu, um das Feuer der gleichen Ratsversammlung herum die Pfeife zu rauchen!

Brüder! Wir sind Freunde; wir müssen einander helfen, unsere Lasten zu tragen. Das Blut von vielen unserer Väter und Brüder ist auf die Erde geströmt wie Wasser, nur um die Gier der Weißen zu befriedigen. Auch wir selbst sind stark bedroht; die Weißen werden erst Ruhe geben, wenn alle Roten vernichtet worden sind.

Brüder! Als die Weißen zum ersten Mal ihre Füße auf unseren Boden setzten, waren sie hungrig; sie hatten keinen Platz, auf dem sie sich niederlegen oder ihr Feuer hätten entzünden können. Sie waren schwach; sie konnten nichts alleine ohne unsere Hilfe tun. Unsere Väter hatten Mitleid mit ihrer Not und teilten freigebig mit ihnen alles, was der Große Geist seinen roten Kindern gegeben hatte. Unsere Väter gaben ihnen Essen, wenn sie hungrig waren, Medizin, wenn sie krank waren, sie breiteten Felle aus für sie, damit sie darauf schlafen konnten, und sie gaben ihnen Land, dass sie darauf jagen und Mais anbauen konnten.

Brüder! Die Weißen sind wie Giftschlangen: Ausgekühlt sind sie schwach und harmlos; aber kaum belebt man sie durch Wärme, schon beißen sie ihre Wohltäter tot. Die Weißen kamen schwach zu uns; nun haben wir sie stark gemacht, und sie wollen uns töten oder vertreiben, wie sie es mit Wölfen und Panthern tun würden.

Brüder! Die Weißen sind keine Freunde der Indianer. Zuerst baten sie nur um so viel Land, dass es reichte, eine Hütte darauf zu bauen; nun wollen sie nichts weniger als unsere gesamten Jagdgründe von Sonnenaufgang bis Sonnenuntergang.

Brüder! Die Weißen wollen mehr als unsere Jagdgründe; sie wollen unsere Krieger töten; und sie wollen auch unsere alten Männer, die Frauen und die kleinen Kinder töten.

Brüder! Vor vielen, vielen Wintern war kein Land, keine Sonne, die auf- und unterging: Alles war Dunkelheit. Dann hat der Große Geist alles erschaffen. Er gab den Weißen eine Heimat jenseits der großen Wasser. Dieses Land hier füllte er mit Wild und gab es seinen roten Kindern; und er gab ihnen die Stärke und den Mut, sich zu verteidigen.

Brüder! Mein Volk sehnt sich nach Frieden, die Roten sehnen sich alle nach Frieden: Aber wo die Weißen sind, gibt es keinen Frieden für sie, außer am Busen ihrer Mutter.

Brüder! Die Weißen verachten und betrügen die Indianer; sie missbrauchen sie und beleidigen sie; sie glauben nicht, dass die Indianer es verdient haben zu leben. Die Roten haben viel und schweres Unrecht erdulden müssen; es ist Zeit, dass damit Schluss ist. Mein Volk wird es nicht mehr hinnehmen, meine Leute sind entschlossen, Vergeltung zu üben; sie haben den Tomahawk ergriffen; sie werden ihn mit Blut ölen; sie werden das Blut der Weißen trinken.

Brüder! Mein Volk ist mutig und groß; aber die Weißen sind zu stark für einen Stamm alleine. Ich möchte, dass Ihr den Tomahawk mit uns zusammen ergreift.

Wenn wir alle uns zusammenschließen, werden die Flüsse die großen Wasser mit dem Blut der Weißen färben.

Brüder! Wenn ihr euch nicht mit uns verbündet, werden sie erst uns zerstören, und dann werdet ihr eine leichte Beute für sie sein. Sie haben viele rote Völker vernichtet, weil diese sich nicht einig waren, weil sie einander keine Freunde waren.

Brüder! Die Weißen schicken ihre Helfershelfer mitten zwischen uns; sie möchten uns zu gegenseitigen Feinden machen, damit sie selbst wie zerstörerische Winde oder brausende Wasser über unsere Jagdgründe herfallen und sie verwüsten können.

Brüder! Unser Großer Vater jenseits der großen Wasser ist zornig auf die Weißen, die unsere Feinde sind. Er wird seine tapferen Krieger gegen sie ins Feld schicken; er wird uns Gewehre senden und was immer wir brauchen – er ist unser Freund, und wir sind seine Kinder.

Brüder! Wer sind die Weißen, dass wir sie fürchten müssten? Sie können nicht schnell laufen und sind gute Zielscheiben für unsere Gewehre: Es sind nur Menschen, und schon unsere Väter haben viele von ihnen getötet; wir sind keine Frauen, und wir werden die Erde mit ihrem Blut rot färben.

Brüder! Der Große Geist ist zornig auf unsere Feinde; er spricht im Donner, und die Erde verschluckt Dörfer[62] und trinkt den Mississippi leer. Die großen Wasser werden die Ebenen der Weißen bedecken, sodass ihr Mais nicht wachsen kann; und der Große Geist wird diejenigen, die sich auf die Hügel flüchten, mit seinem schrecklichen Atemhauch vom Antlitz der Erde hinwegfegen.

Brüder! Wir müssen zusammenstehen; wir müssen dieselbe Pfeife rauchen; jeder von uns muss den Kampf

---

[62] Dieser Satz bezieht sich auf ein Erdbeben, das New Madrid Earthquake, das sich am 11. Dezember 1811 ereignete.

des anderen mitkämpfen; und vor allem müssen wir dem Großen Geist treu bleiben: Er ist auf unserer Seite; er wird unsere Feinde vernichten und all seine roten Kinder glücklich machen.

32. Tecumseh IV
(Shawnee), 18. September 1813

Textvorlage: Benjamin Bussey Thatcher. Indian Life and Battles. Akron 1910, S. 263–265

Hintergrund: Neben den bereits erwähnten Enttäuschungen über die USA war es die Hoffnung, dass die Engländer mehr am Handel als an der Expansion interessiert wären, die Tecumseh veranlasste, sich dieser Kriegspartei 1812 anzuschließen. Im Falle ihres Sieges hoffte er, die USA zur Anerkennung der Allianz der Ureinwohner als selbstständiger Staat zu bewegen. Allerdings kämpften die Engländer in diesem Krieg nicht mit der gleichen Leidenschaft und Entschlossenheit wie Tecumseh, da sie ihre besten Generäle zur selben Zeit in Europa einsetzten. Dem in Amerika kommandierenden General Proctor wirft Tecumseh in der unten stehenden Rede Feigheit vor, da er Tecumsehs Krieger durch einen plötzlichen Rückzug den US-Truppen unter General Harrison preisgegeben hatte. Drei Wochen später fiel Tecumseh selbst in der Schlacht.

Die Rede: Vater! Hört auf eure Kinder! Sie stehen nun alle vor euch. Im vorigen Krieg übergab unser britischer Vater das Beil an seine roten Kinder, damals lebten noch unsere alten Häuptlinge. Sie sind nun tot. In jenem Krieg wurde unser Vater von den Amerikanern auf den Rücken gelegt, und unser Vater reichte den Amerikanern dann die Hand zum Einlenken, ohne dass wir etwas davon wussten. Wir fürchten, dass es unser Vater diesmal auch so machen wird. Vorletzten Sommer, als ich mit meinen roten Brüdern kam und bereit war, das Beil für unseren britischen Vater zu ergreifen, wurde uns gesagt, dass wir uns nicht eilen sollten, denn er sei noch nicht entschlossen, mit den Amerikanern zu kämpfen.

Hört zu! Als der Krieg erklärt wurde, stand unser Vater auf und übergab uns den Tomahawk und sagte, dass er nun gesonnen sei, die Amerikaner anzugreifen, dass er dazu unsere Hilfe brauche, und dass er uns selbstverständlich unser Land zurückholen würde, das uns die Amerikaner weggenommen hatten.

Hört zu! Ihr sagtet uns damals, dass wir unsere Familien hierher bringen sollten, und wir taten es. Ihr verspracht auch, für sie zu sorgen, es sollte ihnen an nichts fehlen, während die Männer gegen den Feind kämpften, und dass wir uns wegen der amerikanischen Garnison keine Gedanken zu machen brauchten – dass dies nicht unsere Aufgabe sei – und dass diesen Teil der Angelegenheit unser Vater erledigen würde. Ihr sagtet euren roten Kindern auch, dass ihr euch gut um eure eigene Garnison hier kümmern würdet, das machte unsere Herzen froh.

Hört zu! Es ist wahr, dass wir euch das letzte Mal an den Rapids[63] wenig Unterstützung gaben. Es ist schwer, gegen Menschen zu kämpfen, die sich wie Murmeltiere verhalten.

Vater, hört zu! Unsere Flotte ist hinausgezogen; wir wissen, dass gekämpft wurde; wir haben die großen Geschütze gehört; aber wir wissen nicht, was sich bei unserem Vater auf dem anderen Arm des Flusses abgespielt hat. Unsere Schiffe sind auf dem einen Flussarm unterwegs, da sehen wir voller Verblüffung, wie unser Vater alles stoppt und sich auf dem anderen Flussarm zurückzuziehen beginnt, ohne seine roten Kinder über seine Pläne zu informieren. Ihr hattet uns immer gesagt, wir sollten hier bleiben und uns um unser Land kümmern; und es machte unsere Herzen froh, als wir hörten, dass das auch euer Wunsch war. Unser großer

---

[63] Gemeint sind die Miami oder Maumee Rapids und die Belagerung von Fort Meigs 1812, bei der General Proctor die Briten befehligte.

Vater, der König, ist das Oberhaupt, und ihr seid sein Repräsentant: Ihr sagtet uns immer, dass ihr euch niemals vom britischen Boden zurückziehen würdet. Aber nun, Vater, sehen wir, dass ihr den Rückzug antretet, und wir sind enttäuscht, dass unser Vater dies tut, ohne den Feind überhaupt gesehen zu haben. Wir können das Verhalten unseres Vaters nur mit dem eines großen Hundes vergleichen, der seinen Schwanz zuerst hoch oben auf dem Rücken trägt, aber ihn, wenn er erschreckt wird, einzieht und wegläuft.

Vater, hört zu! Die Amerikaner haben uns zu Lande noch nicht besiegt – und auch ganz sicher noch nicht auf dem Wasser. Wir möchten deshalb hierbleiben und gegen unsere Feinde kämpfen, sowie sie sich zeigen. Falls sie uns besiegen, werden wir zusammen mit unserem Vater den Rückzug antreten. In der Schlacht bei den Stromschnellen[64] im letzten Krieg hatten uns die Amerikaner tatsächlich besiegt; und als wir in das Fort unseres Vaters zurückkehren wollten, blieben uns dort die Tore verschlossen. Wir hatten befürchtet, dass dies auch jetzt wieder so sein könnte; stattdessen aber sehen wir, wie unser britischer Vater sich anschickt, aus seiner Garnison heraus zu marschieren.

Vater! Ihr habt die Waffen und die Munition, die unser großer Vater für seine roten Kinder geschickt hat. Wenn ihr ans Weggehen denkt, gebt sie uns, dann könnt ihr gehen und wir bleiben an eurer Stelle hier. Unser Leben liegt in den Händen des Großen Geistes. Wir sind entschlossen, unser Land zu verteidigen, und wenn es sein Wille ist, lassen wir unsere Knochen auf diesem Land zurück.

---

[64] Es ist dieselbe Schlacht gemeint.

33. TENKSWATAWA (SHAWNEE), JULI 1808

Textvorlage: Wallace A. Brice: History of Fort Wayne. Fort Wayne (Indiana) 1868, S. 178–179

Hintergrund: Der Verfasser der unten stehenden Rede war 1775 geboren und hatte bei einem Unfall ein Auge verloren. Aufgewachsen mit dem Namen Lalawethika nannte sich Tecumsehs Bruder nach einer Vision im Jahre 1805, in der er sich zum Propheten berufen sah, Tenskwatawa und verkündete den Indianern seine Lehre. Diese beinhaltete die Rückkehr zu alten indianischen Werten und Lebensweisen und eine entschlossene Abwehr der Weißen. Hatte er zunächst großen Zulauf und ließ sogar seinen Wohnort in Prophetstown umbenennen, so schwand sein Einfluss schlagartig mit der Niederlage in der Schlacht von Tippecanoe, deren Ausgang er falsch vorausgesagt hatte und in der Prophetstown zerstört wurde. Auch die von ihm verkündete Unverwundbarkeit der indianischen Kämpfer war nicht eingetroffen. Tenkswatawa starb 1834, nach anderer Überlieferung 1836. Die unten abgedruckte Rede hielt er in Post Vincennes an den Hauptgegner seines Bruders William Henry Harrison.

Die Rede: Vater! Es ist nun drei Jahre her, dass ich das religiöse System begründet habe, das ich jetzt praktiziere. Die Weißen und einige Indianer waren gegen mich; aber ich hatte allein das Ziel, die guten Prinzipien der Religion, nach denen sich die Weißen richten, unter den Indianern bekannt zu machen. Die Weißen haben schlecht über mich gesprochen, sie warfen mir vor, die Indianer irrezuführen, aber ich weiß genau, dass ich nichts Falsches tat.

Vater! Mir wurde gesagt, dass ihr die Absicht hattet, mir in meinem Tun Einhalt zu gebieten. Als ich das hörte, nahm ich mir vor, es nicht zu vergessen und mit meinem Vater zu sprechen, sobald ich zu ihm gehen würde, und ihm zu berichten, wie alles sich in Wirklichkeit verhält. Als ich mich am Wabash niederließ, hörte ich, dass mein Vater, der Gouverneur,[65] erklärt hatte, dass alles Land zwischen Vincennes und Fort Wayne Eigentum der Siebzehn Feuer[66] ist. Ich hörte auch, dass ihr, mein Vater, wissen wolltet, ob ich Gott bin oder Mensch, und dass ihr sagtet, wenn ich Ersteres bin, soll ich keine Pferde stehlen. Der, von dem ich das hörte, war Mr. Wells,[67] ich glaube allerdings, es kam von ihm selbst.

Der Große Geist beauftragte mich, den Indianern zu sagen, dass er sie geschaffen hat und dass er die Welt geschaffen hat und dass er sie in die Welt gesetzt hat, damit sie Gutes tun und nicht Böses. Ich sagte allen Rothäuten, dass sie auf keinem guten Weg sind und dass sie diesen Weg aufgeben sollen.

Dass wir einander als Gleiche betrachten sollen, aber dass wir einvernehmlich nach unseren verschiedenen Sitten leben sollen, die roten Leute nach ihrer Art und die Weißen nach der ihren, und besonders, dass die Rothäute keinen Whiskey trinken sollen; dass er nicht

---

[65] Gouverneur von Indiana war damals William Henry Harrison, der spätere Präsident.

[66] Der inzwischen gewachsenen USA.

[67] William Wells (1750–1812) wurde als Sohn eines Soldaten der Virginia-Miliz in Pennsylvania geboren und geriet mit etwa zwölf Jahren – seine Eltern waren bereits beide tot – in die Gewalt der Miami und wurde von diesen unter dem Namen Apekonit erzogen. William wurde der Schwiegersohn des Häuptlings Little Turtle, warnte aber die USA vor den Engländern, die sich mit einheimischen Stämmen verbündeten. Später wurde er der Agent der USA bei den Miami und für seine Verwundungen in Fallen Timbers mit einer Rente ausgestattet. Seine Loyalität galt aber lebenslang seinem Schwiegervater Little Turtle. Die Miami hielt er aus der Allianz Tecumsehs heraus. Wells fiel in der Schlacht von Fort Dearborn im Englisch-Amerikanischen Krieg – in indianischer Kleidung.

für sie gemacht ist, sondern für die Weißen, die allein
wissen, wie man damit umgeht, und dass das der
Grund für alles Unglück ist, unter dem die Indianer leiden. Und dass sie immer den Anweisungen des Großen Geistes Folge leisten sollen, und dass wir auf ihn
hören müssen, weil Er es war, der uns gemacht hat.
Entscheidet euch, auf nichts Schlechtes mehr zu hören;
greift nicht zum Tomahawk, wenn er euch von den Briten oder von den Long-Knives[68] angeboten wird; nehmt
nichts, was euch nicht gehört, sondern kümmert euch
um eure eigenen Angelegenheiten und bestellt den
Acker, damit eure Frauen und Kinder genug zum Leben haben.

Ich tue euch kund, dass es unsere Absicht ist, für immer in Frieden mit unserem Vater und seinem Volk zu
leben.

Mein Vater! Ich habe euch mitgeteilt, was wir vorhaben, und ich rufe den Großen Geist als meinen Zeugen
an dafür, dass es wahr ist, was ich erklärt habe. Der
Religion, die ich während der letzten drei Jahre gegründet habe, haben sich Indianer von unterschiedlichen
Stämmen aus diesem Teil der Welt angeschlossen. Diese Indianer waren vorher ganz verschiedene Menschen;
jetzt sind sie alle eins; alle sind sie entschlossen, das zu
tun, was ich ihnen gesagt habe und was durch mich
direkt vom Großen Geist gekommen ist.

Bruder! Als Krieger spreche ich zu dir. Du bist auch
ein Krieger. Aber lass uns diese Rolle ablegen und uns
der Sorge für unsere Kinder widmen, damit sie in Ruhe
und Frieden leben können. Wir bitten euch, dass ihr
auch bei uns mitmacht zum Wohle der weißen und der
roten Menschen. Früher, als wir in Unwissenheit lebten, machten wir Dummheiten; aber jetzt, seit wir auf
die Stimme des Großen Geistes hören, sind wir froh
und zufrieden.

---

[68] Vgl. dazu die Anmerkung zur Rede Hopocans.

Ich habe mir angehört, was ihr zu uns gesagt habt.
Ihr habt versprochen, uns zu helfen. Ich bitte euch nun
um aller roten Menschen willen, nutzt alle Möglichkeiten, die ihr habt, um den Verkauf von Alkohol an unser
Volk zu verhindern. Wir sind sehr froh zu hören, dass
ihr gesagt habt, ihr wollt euch dafür einsetzen, unser
Wohlergehen zu vermehren. Wir versprechen euch,
dass wir den Geboten des Großen Geistes auf jeden Fall
Folge leisten werden.

Wir freuen uns alle sehr über die Aufmerksamkeit,
die ihr uns entgegengebracht habt, und auch über die
guten Pläne unseres Vaters, des Präsidenten. Wenn Ihr
uns ein paar Sachen gebt, wie Nadeln, Gewehre, Ha-
cken, Pulver und solche Dinge, werden wir die Tiere,
die uns Fleisch geben, mit Pulver und Kugeln erlegen.

34. PUSHMATAHA I
(CHOCTAW), SEPTEMBER 1811

Textvorlage: Horatio Bardwell Cushman: History of the Choctaw, Chickasaw and Natchez Indians. Greenville (Texas) 1899, S. 253–257

Hintergrund: Die Choctaw oder Chahta aus der Creek-Sprachfamilie hatten ursprünglich im Südosten, in den späteren Bundesstaaten Alabama, Louisiana und Mississippi, gelebt und waren später nach Westen gezogen. Sie gehörten zu den Stämmen, die sich der Lebensweise der europäischen Siedler anpassten und daher die »Fünf zivilisierten Stämme« genannt wurden. Dies waren die Cherokee, Chickasaw, Choctaw, Cree und Seminolen. Sie organisierten sich zu Beginn des 19. Jahrhunderts als staatliche Gemeinschaft nach dem Vorbild der USA mit Senat und Repräsentantenhaus. Sie lebten wie die Weißen, indem sie sich entsprechend kleideten, Handwerke erlernten, sich der Schrift bedienten, den christlichen Glauben annahmen und sogar zum Teil Sklaven besaßen. Das schützte sie allerdings nicht davor, 1830 wie andere Stämme aus ihren Wohnsitzen vertrieben zu werden und sich auf dem sogenannten Pfad der Tränen ins Indianerterritorium begeben zu müssen.

Als Hernando de Soto Florida durchquerte, erreichte er 1540 auch das Gebiet, in dem die Choctaw in 115 Dörfern und daneben noch andere wenig bekannte Stämme wohnten. Die Europäer hinterließen eine Spur der Verwüstung, und während nach De Soto lange keine Weißen mehr in die Gegend kamen, wurde das Zusammenleben der ansässigen Indianerstämme neu geordnet. Die Choctaw verbündeten sich nacheinander mit den Franzosen, den Engländern und ab 1786 in neun Verträgen mit den USA, denen einige auch im Nordwest-Indianerkrieg beistanden. Die US-Gesetzgebung wies den Choctaw später ein Reservat in Oklahoma zu, das viele nicht erreichten, weil sie den 800 km langen Weg dorthin nicht überlebten. Das hielt den Stamm aber nicht ab, anlässlich einer großen Hungersnot in Irland 1847 710 Dollar zu sammeln und nach Irland zu überweisen. Wiederum waren die Choctaw den USA im Ersten Weltkrieg nützlich, indem ihre Sprache als Code benutzt wurde, was andere Indianer später nachahmten. Heute besitzt der Stamm mehrere einträgliche Casinos.

Als 1811 Tecumseh (vgl. seine erste oben abgedruckte Rede) zu den Choctaw kam, um sie für eine Allianz aller indianischen Stämme zu gewinnen, fand er wenig Anklang. Die untenstehende Rede entgegnete Häuptling Pushmataha auf Tecumsehs Ansinnen. Pushmataha (auch Apushamatahah geschrieben) wurde 1764 geboren und war – vermutlich wegen seiner Tapferkeit im Krieg – schon früh Häuptling geworden und wurde 1805 zum Oberhaupt des Stammes gewählt. Nach mehreren Verträgen mit den USA, die er unterzeichnet hatte, erhielt er eine jährliche staatliche Pension, die er auch in die Ausbildung junger Stammesmitglieder investierte. 1813/14 diente er unter General Jackson in der US-Army. Er starb 1824 in Washington und wurde mit militärischen Ehren beigesetzt.

Die Rede: Hört auf meine kurzen Worte! Ich bin nicht hierhergekommen, um mit irgendjemandem ein Streitgespräch zu führen. Und nicht, um eine Gegenrede gegen die Anklagen von Tecumseh zu halten, trete ich nun vor euch hin, meine Krieger und mein Volk, sondern um euch davon abzubringen, dass ihr, durch andere angestachelt, in eminent wichtigen Angelegenheiten übereilte Entschlüsse fasst. Ich habe selbst durch Erfahrung gelernt, und ich sehe auch viele von euch, ihr Choctaw und Chickasaw, die genauso viele Jahre Erfahrung haben wie ich. Allein Unverständige engagieren sich für eine Sache, nur weil sie neu ist.

Weder um die vielen Klagen, die gegen das amerikanische Volk vorgebracht worden sind, zu widerlegen, trete ich heute Abend vor euch hin, noch deshalb, um meine Stimme zu nutzlosen Anklagen gegen die Amerikaner zu erheben. Die Frage ist jetzt nicht, welches Unrecht sie unserem Volk zugefügt haben, sondern welche Gegenmaßnahmen gegen sie am besten für uns sind. Und wenn unser Volk von ihnen auch ungerecht behandelt und schändlich benachteiligt worden sein mag, würde ich euch dennoch nicht raten, sie deshalb schon zu töten, solange das nicht angemessen und auch für euch von Vorteil wäre; noch würde ich euch raten, ihnen zu verzeihen, auch wenn sie euer Mitleid verdient hätten, wenn ich nicht glaubte, dass dies das Beste wäre für unser aller Wohl. Wir sollten uns bei unserer Entscheidungsfindung mehr an unserem zukünftigen als an unserem gegenwärtigen Wohlergehen orientieren.

Welches Volk, meine Freunde und Landsleute, wäre so unklug und so unbedacht, dass es aus eigenem Antrieb einen Krieg begänne, wenn seine eigene Stärke (einschließlich der Unterstützung durch andere) als ungenügend in Hinblick auf die Größe der Aufgabe beurteilt würde? Ich weiß nur zu gut, dass es immer wieder Gründe gibt, die Menschen dazu zwingen, zum Äußersten zu gehen, aber, meine Landsleute, solche Gründe gibt es derzeit nicht. Denkt deshalb nach, so beschwöre ich euch inständig, bevor ihr in dieser so wichtigen Angelegenheit übereilt handelt, und macht euch klar, wie groß euer Fehler wäre, wenn ihr Tecumsehs Rat unüberlegt folgt und ihn ohne große Beratung in die Tat umsetzt. Bedenkt, dass das amerikanische Volk uns gegenüber im Augenblick freundlich eingestellt ist. Sicher seid auch ihr der Meinung, dass es die besten Ergebnisse für uns bringen wird, wenn wir die Maßstäbe anlegen und beachten, die ich euch vorher empfohlen habe. Und es ist nicht etwa aus Mitleid oder Nachsicht – Neigungen, denen nachzugeben ich mir nie erlauben würde –, dass ich euch bitte und beschwöre, in dieser gewichtigen Angelegenheit auf meinen Rat zu hören und euch in der Wahl eurer Mittel an unserem zukünftigen Wohl zu orientieren. Meine Freunde und Landsleute! Ihr habt im Augenblick keinen Grund, den Amerikanern den Krieg zu erklären oder an ihnen wie an Feinden Vergeltung zu üben, da sie euch bisher durchweg freundschaftlich begegnet sind. Außerdem ist es nicht mit eurem Ansehen als Nation und eurer Ehre als Volk vereinbar, wenn ihr den feierlich mit ihnen geschlossenen Vertrag verletzt. Zudem entehrt es das Andenken eurer Ahnen, wenn ihr einen Krieg gegen das amerikanische Volk führt, nur um den heimtückischen Engländern zu Gefallen zu sein.

Ein Krieg gegen die Amerikaner, wie ihr ihn jetzt erwägt, wäre ein eklatanter Rechtsbruch, ja, ein schrecklicher Schandfleck auf eurer Ehre und auch auf der eurer Väter, und wenn ihr sorgsam und wohlüberlegt prüft, werdet ihr feststellen, dass er zu nichts anderem führen würde als zur Zerstörung unseres ganzen Volkes. Er wäre ein Krieg gegen ein Volk, dessen Staatsgebiet schon jetzt weit größer ist als alle unsere Länder, und das weit besser mit allen für einen Krieg erforderlichen Geräten, mit Männern, Pferden und Geldmitteln ausgestattet ist als wir alle zusammen. Worin läge die Notwendigkeit, worin bestünde die Klugheit, gegen ein solches Volk Krieg zu führen? Worauf gründeten wir unsere Hoffnung auf einen Erfolg, wenn wir ihnen, schwach und ungenügend ausgerüstet wie wir sind, den Krieg erklären wollten? Geben wir uns nicht der falschen Hoffnung hin, dass dieser Krieg, einmal begonnen, bald vorbei wäre, auch wenn wir alle Weißen in unseren Gebieten töteten und ihre Häuser und Felder zerstörten. Weit gefehlt! Dies wäre nur der Anfang vom Ende, und das Ganze würde schließlich in der totalen Vernichtung unseres Volkes gipfeln. Dennoch werden wir nicht zulassen, dass wir zu Sklaven gemacht werden; denn wir schaudern nicht wie unerfahrene Krieger schon beim Gedanken an Krieg. Ich bin keines-

falls so unvernünftig und inkonsequent, als dass ich
euch raten würde, die Freveltaten der Weißen feige hin-
zunehmen oder ihre rechtswidrigen Übergriffe bewusst
zu dulden. Ich rate euch nur, jetzt noch nicht auf das
Mittel des Krieges zurückzugreifen, sondern Boten an
unseren Großen Vater in Washington zu senden und
ihm unsere Beschwerden vorzutragen und das, ohne
einen allzu großen Kriegseifer an den Tag zu legen oder
irgendwelche Zeichen von Verzagtheit zu zeigen. Lasst
uns deshalb, meine Landsleute, unsere Beschlüsse zu
einer Angelegenheit von so großer Tragweite und mit
möglicherweise so schrecklichen Konsequenzen mit äu-
ßerst großer Vorsicht und Klugheit fassen.

Ihr meine Landsleute, lasst euch von den Meinun-
gen anderer nicht soweit beeinflussen, dass ihr euer
Volk deshalb in einen Krieg schickt, der den Frieden
eures Landes zerstört und seine zukünftige Sicherheit,
sein künftiges Glück und Wohlergehen gefährdet. Bedenkt, bevor es zu spät ist, die großen Unwägbarkeiten
eines Krieges mit dem amerikanischen Volk, und bedenkt gut, bevor ihr diesen Krieg beginnt, welches die
Konsequenzen sein werden, wenn eure Rechnungen
und Erwartungen nicht so aufgehen, wie ihr euch das
vorstellt. Lasst euch nicht von illusionären Hoffnungen
täuschen! Hört mich, meine Landsleute! Wenn ihr diesen Krieg beginnt, wird er zu Katastrophen führen, von
denen wir jetzt verschont sind und die uns jetzt fernlie-
gen; und wen von uns es im Einzelnen treffen würde,
hinge nur ab vom unsicheren Spiel des Zufalls. Ich bitte
euch inständig, verfallt nicht in den Fehler der Über-
eiltheit, das ist, ich weiß es, noch nie eure Art gewesen.
Deshalb beschwöre ich euch, solange wir uns noch für
friedliche Mittel entscheiden können, brecht den Vertrag nicht! Verletzt auch nicht unser auf Ehre und Vertrauen gegebenes Versprechen, sondern unterbreitet
gemäß den Artikeln des zwischen uns und dem amerikanischen Volk bestehenden Vertrages alle unsere Be-

schwerden, welcher Art auch immer sie sein mögen, dem Kongress der Vereinigten Staaten. Wenn nicht – und hier rufe ich den Großen Geist, den Hüter aller Eide, zum Zeugen an – werde ich mich persönlich an denen rächen, die diesen Krieg angezettelt haben, auf welche Weise auch immer. Vergesst nicht, wir sind ein Volk, das noch nie durch Erfolg anmaßend und noch nie durch Unglück gemein geworden ist. Und lasst diejenigen wissen, die uns zu gefährlichen Unternehmungen verleiten wollen, indem sie unsere Fähigkeiten loben, dass weder die Freude über ein solches Lob unseren Geist jemals über das vernünftige Maß hinaus erhoben hat noch der Versuch, uns durch eine Flut von Schmähungen zu reizen, uns jemals schneller zum Nachgeben gebracht hat. Wie man weiß, können ausgeglichene Charaktere, wie wir es sind, auf dem Schlachtfeld hitzig sein und beim Streit mit Worten kühl; Ersteres, weil das Bewusstsein der Pflicht gerade ein ruhiges Gemüt zu Höchstleistungen antreibt und Großherzigkeit in der Lage ist, das stärkste Gefühl der Beschämung hervorzurufen, und Letzteres kommt so zustande: Obwohl wir im Debattieren gut sind, ist unsere Erziehung nicht darauf angelegt, uns zu lehren, die Regeln zu missachten, vielmehr macht sie uns durch ihre Strenge so vernünftig, dass wir sie immer befolgen.

Unser Volk ist nicht so neunmalklug, dass es die Kriegsvorbereitungen unserer Feinde durch leichtfertige Tiraden kleinredet, und dann auf Biegen und Brechen zum Kampf schreitet. Wir gehen vielmehr davon aus, dass die Gedanken der Bleichgesichter den unseren in etwa entsprechen und dass es unmöglich ist, die Sachlage samt ihren potenziellen Gefahren in einer einzigen Beratung richtig einzuschätzen. Wir gehen immer davon aus, dass auch unsere Feinde ihre Schritte sorgsam planen, und wir bereiten uns dann ernsthaft darauf vor, wie wir ihnen begegnen können. Wir gründen unseren Erfolg auch nicht auf die Hoffnung, dass die Feinde sich wahrscheinlich unklug verhalten werden, sondern darauf, dass wir möglichst keinen einzigen Schritt unterlassen, der für unsere Sicherheit nötig ist. Solcherart ist die Haltung, die unsere Väter an uns weitergegeben haben. Und dass wir uns nach ihr richten, hat sich schon oft als vorteilhaft für uns erwiesen. Lasst uns dies, meine Landsleute, jetzt nicht vergessen, und lasst uns auch nicht schnell und überstürzt Entscheidungen treffen, von denen so viel abhängt. Ist es doch die Pflicht der Klugen, sich des Friedens zu erfreuen, solange ihnen kein Schaden zugefügt wird. Aber es ist auch die Pflicht der Tapferen, den Wunsch nach einem friedvollen Leben zurückzustellen und zu den Waffen zu greifen, wenn ihnen etwas angetan wird. Wenn sie dann mit den Waffen Erfolge erzielt haben, sollen sie diese jedoch wieder ruhig niederlegen und so weder über das rechte Maß hinaus aufgrund von Kriegserfolg hochmütig werden noch zu sehr in die Süße des Friedens verliebt sein und dafür Beleidigungen in Kauf nehmen. Denn wer Angst hat, den Genuss zu verlieren, und träge und bequem sitzen bleibt, wird bald des Genusses, um den seine Ängste kreisen, beraubt und der, dessen Leidenschaften durch militärischen Erfolg entflammt werden und der durch trügerisches Selbstvertrauen zu hoch emporgehoben wird, hört nicht mehr auf die Gebote der Vernunft.

Vielfältig sind die Strategien, auch wenn sie im Voraus nicht zu planen sind, die sich durch das eher unvernünftige Verhalten eines Feindes ergeben, und die dann mit einem Erfolg enden; aber zahlreicher sind die, welche, obwohl scheinbar auf reifliche Beratung begründet, zu unschönen und unerwünschten Ergebnissen führen. Dies kommt von den großen Unterschieden zwischen dem Gemütszustand, in dem eine Tat geplant wird und dem anderen Zustand, in welchem sie dann tatsächlich ausgeführt wird. Denn in der Ratsversammlung entscheiden wir in einer Atmosphäre von Sicherheit, bei der Ausführung aber werden wir schwach, weil wir von der Angst beherrscht werden. Hört auf die Stimme der Vernunft, meine Landsleute, bevor ihr übereilt handelt. Entscheidet euch, wie ihr wollt, aber hört diese meine Wahrheit und dann wisst ihr alles, was ihr wissen müsst: Ich werde mich in diesem Krieg mit unseren Freunden, den Amerikanern, verbünden.

35. PUSHMATAHA II (CHOCTAW), UM 1812

Textvorlage: Horatio Bardwell Cushman: History of the Choctaw, Chickasaw and Natchez Indians. Greenville (Texas) 1899, S. 264

Hintergrund: 1812 reiste Pushmataha nach Washington D.C., um angesichts des Kriegsaufrufes Tecumsehs das Bündnis seines Stammes mit den USA zu bekräftigen. Hartnäckig nach seiner Herkunft und dem Rang in seinem Stamm befragt, hielt er, etwas verärgert, die unten stehende Rede.

Die Rede: Wenn es der weiße Häuptling also unbedingt wissen muss, dann sagt ihm, dass Apushamatahahubih[69] auf Erden weder Vater noch Mutter hat noch irgendwelche Verwandten. Sagt ihm, es war einmal, weit, weit weg von hier, in den mächtigen Wäldern der Choctaw, da geschah es, dass sich über dem westlichen Horizont eine dunkle Wolke erhob und sich in Blitzgeschwindigkeit empor zum Himmelsbogen bewegte. Über ihr dunkles Antlitz jagten grelle Blitze in unaufhörlichem Zucken, während das Grollen des Donners in der Einsamkeit der weiten Wälder ringsumher hohl von Hügel zu Hügel widerhallte. Schnell und majestätisch erklomm die Wolke, unter dem wilden Jagen der Blitze und den dröhnenden Donnerschlägen, die auf sie folgten, den westlichen Himmel. Alles Leben ringsum verharrte in tiefster Stille. Da berührte die schreckenerregende Wolke auch schon den Zenit, bedeckte mit ihrem dunklen Tuch im Nu den ganzen Himmel, löschte das Licht der Sonne und hüllte die Erde in nächtliche Düsternis, immer nur unterbrochen vom blendenden Licht der Blitze, begleitet von ohrenbetäubenden Donnerschlägen. Und dann zerbarst die Wol-

---

[69] So nennt sich Pushmataha hier selbst.

ke, und ein Wind erhob sich und Regen fiel und die Winde heulten und im wilden Chaos von zuckenden Blitzen und Donnergebrüll fuhr ein blendender Strahl quer über den Himmel, wie um die Szene zu beleuchten, und schleuderte sein Ungestüm gegen eine mächtige Eiche, eine ehrwürdige Herrscherin der Wälder, die mit ihrer stolzen Kraft schon Jahre dem Sturm getrotzt hatte, hieb sie von der obersten Krone bis zum untersten Fuß in zwei gleiche Teile und siehe da: Aus ihrem gespaltenen Stamm hervor sprang mit einem Satz ein stattlicher Mann, vollkommen von Statur, voll tiefer Weisheit, an Kühnheit unübertroffen – ein Krieger in seiner ganzen Pracht und Herrlichkeit. Und das war Apushamatahahubih.

36. BETWEEN THE LOGS (WYANDOT), UM 1812

Textvorlage: Benjamin Bussey Thatcher. Indian Life and Battles. Akron 1910, S. 240–243

Hintergrund: Die Wyandot, bis um 1700 meist Huronen genannt, gehörten zur irokesischen Sprachfamilie. Dennoch wurden sie (außer durch Epidemien) in den sogenannten Biberkriegen (1640–1701) von der Irokesen-Liga fast völlig ausgelöscht: Von vermutlich 30000 Menschen im 16. Jahrhundert lebten 1760 noch etwa hundert. Sie hatten sich nämlich von den übrigen Irokesen-Stämmen getrennt und eine Konföderation mit Algonkin-Stämmen gebildet. Sie und einige andere versprengte indianische Gruppen mussten vom ursprünglichen Siedlungsgebiet am Huronsee nach Westen ziehen. Missioniert wurden sie von den Jesuiten, in Europa wurden sie durch die Lederstrumpf-Erzählungen von James Fenimore Cooper bekannt.

Als Between the Logs etwa neun Jahre alt war, trennten sich seine Eltern, was damals in indianischen Familien nicht sehr ungewöhnlich war, und er lebte bei seinem Vater. Between the Logs lernte die Sprachen mehrerer Stämme und wurde wegen seines Charakters sehr geschätzt.

Als Gesandter des bereits hochbetagten Häuptlings Tarhé hielt Between the Logs, bei einer indianischen Ratsversammlung in Brownstown in Michigan im Lager der Briten in Anwesenheit von Indianern eine Rede, die eine Antwort auf die Vorschläge Tecumsehs darstellt, und entfachte den unten stehenden Wortwechsel, an dem sich außerdem beteiligten: Roundhead/Stiaghta (1760/63–1813), ein Wyandot-Kriegshäuptling, der sich Tecumseh angeschlossen hatte und aufseiten der Engländer kämpfte. Er fiel an Tecumsehs Seite in der Schlacht an der Thames 1813. Ferner: Matthew Elliott (1739–1814), aus Irland eingewandert, ein Farmer und Kaufmann. 1761 kam er nach Pennsylvania und wurde Beauftragter der englischen Regierung für die Indianer, die er vor allem gegen die USA aufhetzte. In aller Stille arbeitete er auf das Bündnis mit Tecumseh hin. Elliott starb 1814 an einer Krankheit.

Die Diskussion: Between the Logs: Brüder! Rote Männer, die ihr für die Briten kämpft, hört zu! Diese Worte sind von mir, Tarhé, und es sind auch die Worte der Wyandot, Delaware, Shawaneese und Seneca. Unser amerikanischer Vater hat seinen Kriegs-Pfahl errichtet und eine große Armee aus vielen Soldaten aufgestellt. Sie werden bald losmarschieren und die Briten angreifen. Er möchte seine roten Kinder und ihre Frauen und Familien nicht töten, sondern er möchte, dass ihr euch von den Briten abwendet und das Kriegsbeil begrabt, das ihr hervorgeholt habt. Er wird gnädig mit euch umgehen. Ihr werdet dann wieder auf euer Land zurückkehren und zur Jagd gehen können wie früher. Ich bitte euch, macht euch klar, in welcher Situation ihr seid, und verhaltet euch klug in dieser wichtigen Angelegenheit und setzt das Leben eures Volkes nicht ohne Not aufs Spiel. Brüder! Jeder, der diesen Rat befolgen möchte, soll nach vorne kommen und einen der Wampum-Gürtel entgegennehmen, die ich hier in der Hand halte und euch anbiete. Ich hoffe, ihr werdet euch nicht scheuen, den Gürtel in Gegenwart eures britischen Vaters anzunehmen; denn ihr seid unabhängig von ihm.

Brüder! Wir haben alles gesagt, und wir hoffen, ihr trefft eine kluge Entscheidung.

Round Head: Brüder! Ihr Wyandot von der amerikanischen Seite! Gehört haben wir eure Worte wohl, aber wir werden nicht auf sie hören! Wir werden weder die Fahne unseres britischen Vaters im Stich lassen noch das Beil niederlegen, das wir erhoben haben. Ich spreche die Gefühle aller Anwesenden aus, und ich beauftrage euch, unsere Rede dem amerikanischen Kommandeur wortgetreu zu überbringen und ihm zu sagen, wir hätten gern, dass er mehr Männer gegen uns einsetzt; denn alles, was sich bisher zwischen uns abgespielt hat, kann ich nicht Kämpfen nennen. Uns reichen die Männer nicht, die er in den Kampf gegen uns schickt. Wir wollen gut und richtig kämpfen.

Elliott: Meine Kinder![70] Da ihr nun seht, dass meine anderen Kinder hier im Lager entschlossen sind, die Sache ihres britischen Vaters nicht im Stich zu lassen, möchte ich, dass ihr eine Botschaft mit zu den Amerikanern zurücknehmt. Sagt meiner Frau – eurem amerikanischen Vater – sie soll sich in Zukunft etwas mehr anstrengen, wenn sie das Essen für mich und meine roten Kinder kocht. Bisher hat sie sich die Sache zu einfach gemacht. Und wenn sie sich über meine Worte ärgert und mit mir streiten will, sagt ihr, sie soll endlich mehr Männer gegen uns schicken; denn unsere bisherigen Scharmützel kann ich nicht wirklich als Kämpfe bezeichnen. Wenn sie mit mir und meinen Kindern kämpfen will, dann soll sie sich nicht wie ein Murmeltier in der Erde vergraben, wo sie nicht zu packen ist. Sie soll herauskommen und sich einem offenen Kampf stellen.

Between the Logs: Brüder! Mich hat mein amerikanischer Vater beauftragt, euch Folgendes mitzuteilen: Wenn ihr den Rat nicht beherzigt, den er euch gegeben hat, wird er mit einer großen Armee anrücken, und wenn er auf seinem Weg durch das Land auf irgendwelche roten Leute trifft, die sich ihm widersetzen, wird er sie unter seinen Füßen zertreten. Ihr werdet nicht in der Lage sein, ihm standzuhalten.

Und ich, der ich hier vor euch stehe, ich beschwöre

---

[70] Diese Anrede richtet sich an die mit den Amerikanern verbündeten Stämme.

euch eindringlich, die guten Argumente, die ich vorgebracht habe, gründlich zu überdenken und zu Herzen zu nehmen. Warum solltet ihr euch selbst, eure Frauen und eure Kinder der Vernichtung preisgeben? Lasst mich euch eines sagen: Wenn ihr die amerikanische Armee auch dieses Mal besiegen solltet, ist damit eure Arbeit noch lange nicht getan. Eine zweite Armee wird kommen, und wenn ihr die schlagt, eine dritte, der ihr nicht mehr standhalten könnt, eine, die über euch kommen wird wie die Wellen des großen Wassers, eine Armee, die euch überwältigen und euch vom Angesicht der Erde hinwegfegen wird. Wenn ihr an dem zweifelt, was ich über die Stärke der Amerikaner gesagt habe, dann könnt ihr Vertrauensleute von euch schicken, um die amerikanische Armee und die Flotte in Augenschein zu nehmen. Eure Leute werden unbehelligt wieder zurückkehren dürfen. Die Wahrheit ist, dass euer britischer Vater euch Lügen erzählt und euch hinters Licht führt. Er rühmt sich der wenigen Siege, die er erringt, er erzählt aber nie von seinen Niederlagen, nie davon, dass seine Armeen hingeschlachtet und seine Schiffe auf dem großen Wasser gekapert werden. All dies behält er still für sich.

Und nun, britischer Vater, lasst mich ein paar Worte an euch richten. Eure Bitte wird euch erfüllt werden. Ich werde eure Botschaft dem amerikanischen Vater überbringen. Es ist wahr, keines eurer Kinder will eure Fahne im Stich lassen, doch das wird schlimm für sie ausgehen. Ihr schimpft die Amerikaner Murmeltiere und beschwert euch darüber, wie sie kämpfen. Ich aber weiß aus Erfahrung, wie schwierig es ist, mit einem Murmeltier zu kämpfen. Es hat sehr scharfe Zähne, ein so unbeugsames Wesen und einen so unbesiegbaren Geist, dass es ein wirklich gefährlicher Gegner ist, insbesondere wenn es in seinem Bau sitzt. Aber, Vater, ich kann euch sagen, euer Wunsch wird in Erfüllung gehen. In wenigen Tagen werdet ihr das Murmeltier auf dem See dort schwimmen und mit seinem Kanu auf eure Höhle zu rudern sehen; und dann Vater, werdet ihr Gelegenheit haben, euren gewaltigen Gegner auf jegliche Euch passend erscheinende Weise anzugreifen.

37. Red Eagle/William Weatherford
(Creek), April 1814

Textvorlage: Samuel G. Drake: Biography and History of the Indians of North America, from its first Discovery. Boston 111851, S. 390–391

Hintergrund: Die Creek oder Muskogee lebten ursprünglich im Südosten der USA. Sie sprechen eine nach ihnen selbst benannte Sprache. Mit den englischen Siedlern arrangierten sie sich und trieben Handel, auch mit indianischen Sklaven, die sie selbst fingen. Im Unabhängigkeitskrieg kämpften sie auf verschiedenen Seiten, von den Engländern wurden sie aber im Friedensvertrag enttäuscht, da diese den USA Land zuerkannten, das den Creek gehörte. Sie machten auch selbst Zugeständnisse dafür, dass ihre Souveränität anerkannt wurde.

Aus dem ungerechtfertigten Landraub erwuchs ein neuer Krieg 1813/14, in dem die sogenannten Red Sticks bzw. Upper Creek gegen die mit den USA verbündeten Lower Creek kämpften. Ihr Häuptling Red Eagle (1765–1824, nach anderen Angaben: 1780–1822) war der Sohn eines schottischen Händlers und einer Creek aus einer der führenden Clans. Mit der Erlaubnis seines Vaters entschied er sich für die indianische Lebensweise, sein Bruder für die europäische. Red Eagle beherrschte mehrere europäische Sprachen und war ein Anhänger Tecumsehs.

Mit den Red Sticks richtete Häuptling Red Eagle im August 1813 ein Massaker unter US-Amerikanern und den mit ihnen verbündeten Lower Creeks bzw. White Sticks in Fort Mims am Alabama River an und tötete Hunderte Menschen, auch Frauen und Kinder. Die Tennessee-Miliz unter General Andrew Jackson und einige andere Einheiten schlugen diese Truppen, die alleine gegen die USA, die Lower Creek, die Choctaws und die Cherokee kämpften, im März 1814 nieder, sodass sich deren Überlebende ergaben. Von den Häuptlingen forderte Jackson die Herausgabe Red Eagles. Um diese aus ihrem Dilemma zu befreien, schlich sich Red Eagle selbst in das Lager des Generals und gab sich diesem zu erkennen. Darauf soll er die unten stehende Rede gehalten haben. Sie verfehlte ihre Wirkung nicht, denn Jackson ließ Red Eagle trotz der unter seiner Führung begangenen Morde, auf die eigentlich die Todesstrafe stand, frei. Red Eagle seinerseits setzte sich in den folgenden Jahren für ein friedliches Zusammenleben beider Seiten ein und wurde Bauer.

Die Creek mussten allerdings zunächst 81000 km² ihres Landes abtreten, was mehr als die Hälfte ihres Gebietes ausmachte und 1819 in den US-Bundesstaat Alabama umgewandelt wurde. Die Creek selbst wurden durch mehrere erzwungene Verträge nach Westen verdrängt. Die Vertreibung führte 1836 erneut zu einem Krieg. Heute leben die meisten Angehörigen des Stammes im Indianerterritorium, andere noch in Alabama.

Die Rede: Ich bin Weatherford, der Häuptling, der Anführer bei der Einnahme von Fort Mims. Ich sehne mich nach Frieden für mein Volk und ich bin gekommen, um darum zu bitten. Ich bin in eurer Gewalt – macht mit mir, was ihr wollt – ich bin Soldat. Ich habe den Weißen Schaden zugefügt, wo ich nur konnte. Ich habe sie bekämpft, und ich habe sie mannhaft bekämpft. Wenn ich eine Armee hätte, würde ich immer noch kämpfen. Ich würde kämpfen bis zum Letzten: Aber ich habe keine Armee mehr. Meine Leute sind alle tot. Ich kann nur noch über das Unglück meines Volkes weinen. [Erläuterung des Herausgebers Drake: General Jackson war freudig erstaunt über seine Kühnheit und sagte ihm, dass er, obwohl Weatherford sich in seiner Macht befinde, dies nicht ausnützen werde; dass Weatherford sich, wenn er wolle, wieder der Krieg führenden Partei anschließen und weiter gegen die Amerikaner kämpfen könne, er solle dann aber auf kein Pardon hoffen, wenn er danach gefangen genommen werde; und dass bedingungslose Unterwerfung die letzte Chance für ihn und sein Volk sei. Darauf fuhr Weatherford fort in einem Ton, ebenso würdevoll wie bitter:] Ihr könnt jetzt bedenkenlos mit mir so ansprechen. Es gab eine Zeit, da ich euch hätte antworten können – es gab eine Zeit, in der ich eine Wahl hatte – nun habe ich keine. Ich habe nicht einmal Hoffnung.

Ich wusste einmal, wie ich meine Krieger zum Kampf anfeuern konnte, aber Tote kann ich nicht anfeuern. Meine Krieger können meine Stimme nicht mehr hören. Ihre Gebeine liegen in Talladega, Tallushatches, Emuckfaw und Tohopeka.[71] Ich habe mich nicht ohne Not ergeben. Hätte es noch irgendeine Chance für einen Sieg gegeben, hätte ich niemals meinen Posten verlassen noch um Frieden gebeten. Aber meine Kampfgenossen leben nicht mehr, und nun erbitte ich den Frieden nicht für mich, sondern für mein Volk. Ich schaue zurück in tiefer Trauer und möchte verhindern, dass es zu noch größeren Katastrophen kommt. Wenn ich es nur mit der Armee von Georgia zu tun gehabt hätte, hätte ich auf der einen Seite des Flusses meinen Mais angebaut und auf der anderen Seite gegen sie gekämpft. Aber eure Leute haben mein Volk vernichtet. Ihr seid ein tapferer Mann. Ich baue auf eure Großherzigkeit. Ihr werdet einem besiegten Volk keine Bedingungen auferlegen, die es nicht erfüllen kann. Welche auch immer es sein mögen, jetzt wären es Wahnsinn und Dummheit, sich gegen sie zu stellen. Sollten meine Leute sich dagegen auflehnen, so werdet ihr in mir den strengsten Verfechter des Gehorsams finden. Wer jetzt noch weiterkämpfen will, kann dazu nur durch niedrige Racheinstinkte getrieben sein. Dafür soll und darf nicht der letzte Rest des Landes geopfert werden. Ihr habt unserem Volk gesagt, wo wir hinziehen können, um in Sicherheit zu leben. Das sind gute Worte, und meine Leute sollten auf sie hören. Sie werden auf sie hören.

---

[71] Dörfer der Creek in Indiana.

38. Wabashaw (Sioux), 1815

Textvorlage: Henry M. Schoolcraft: Historical and Statistical Information respecting History, Condition and Prospects of the Indian Tribes of the United States. Vol. IV, Philadelphia 1857, S. 258–259 und Francis S. Drake: The Indian Tribes of the United States. Volume II. Philadelphia 1884, S. 55

Hintergrund: Die Sioux bildeten eine große Stammesfamilie mit mehreren Untergruppen (Dakota, Lakota und Nakota), die um 1800 den mittleren Norden der späteren USA besiedelte. Sie waren ein Stamm, der sich besonders heftig gegen das Vordringen der weißen Siedler wehrte, weshalb sie sich im Krieg zwischen England und den USA 1812–1814 auf die englische Seite schlugen. Als nach ihrer Niederlage die Engländer den Indianern zwar versprachen, sie über Friedensverhandlungen zu informieren, tatsächlich aber nicht daran dachten, die mit ihnen verbündeten Indianerstämme im Friedensvertrag von Ghent mit den USA angemessen abzusichern, sondern diese in einer Versammlung auf Drummond Island mit Geschenken wie Messern und Nahrungsmitteln abspeisen wollten, wandte sich Wapashaw II. an die Engländer und hielt die unten stehende Rede.

Wapashaw wurde um 1763 geboren und gehörte zur Gruppe der Mdewakanton. Das Amt des Häuptlings hatte er von seinem gleichnamigen Vater bereits vor dessen Tod 1806 geerbt; er gehörte zu den Stammesvertretern, die den neu entstandenen USA eigentlich freundlich gesinnt waren und deren Kultur aufgeschlossen war. Wapashaw starb 1836 an den Pocken.

Die Rede: Mein Vater: Was sehe ich hier vor mir liegen? Ein paar Messer und Decken? Ist das alles, was von den Versprechungen zu Beginn des Krieges übrig geblieben ist?

Wann werden die hochgestochenen Absichtserklä-
rungen in die Tat umgesetzt, die ihr in euren Reden in
Michilimackinac abgegeben und uns bis in unsere Dörfer am Mississippi nachgesandt habt? Ihr sagtet zu uns,
ihr würdet das Kriegsbeil erst niederlegen, wenn die
Amerikaner hinüber über die Alleghenies[72] gejagt worden seien. Ihr sagtet, wir würden unsere alten Jagdgründe wieder zurückerhalten. Ihr sagtet, unser britischer Vater würde niemals Frieden schließen, ohne mit
seinen roten Kindern Rücksprache gehalten zu haben.
Und wie war es dann tatsächlich? Wir haben nie etwas
von dem Friedensschluss erfahren! Uns wird gesagt,
dass der Friedensvertrag von unserem Großen Vater
jenseits der großen Wasser geschlossen wurde, ohne
dass hier seine Offiziere und Generäle etwas davon gewusst hätten. Uns wird gesagt, dass es eure Pflicht ist,
seinen Befehlen zu gehorchen.

Und was soll das hier? Sollen diese armseligen Geschenke uns etwa für die Männer entschädigen, die wir
während der Schlacht und davor und danach verloren
haben? Sollen sie unsere Freunde über ihre Trauer hin-
wegtrösten? Sollen sie der Ersatz für eure nicht einge-
lösten Versprechungen sein?

Was mich betrifft, ich bin ein alter Mann. Ich habe
ein langes Leben hinter mir und ich habe immer Mittel
und Wege gefunden, mir mein Auskommen zu sichern.
Und das kann ich auch jetzt noch. Vielleicht wollen
meine jungen Männer die Geschenke nehmen, die ihr
uns hingelegt habe. Ich will sie nicht!

---

[72] Appalachen.

39. METEA (POTAWATOMI), AUGUST 1821

Textvorlage: Samuel G. Drake: Biography and History of the Indians of North America, from its first Discovery. Boston 111851, S. 635–636

Hintergrund: Die Potawatomi lebten am oberen Mississippi und waren Mitglied im Rat der Drei Feuer, einem Bündnis mit den Ottawa und den Anishinabe. Vor den Irokesen zogen sie sich in den Biberkriegen an den Michigansee im jetzigen US-Bundesstaat Wisconsin zurück, wo es ihnen allerdings gelang, sich nach Süden auszubreiten, bis die USA zu Beginn des 19. Jahrhunderts Interesse an ihrem Siedlungsgebiet zeigten. Die Potawatomi wurden Mitglied in der Allianz Tecumsehs, mit dem sie sich auf englischer Seite am Krieg zwischen England und den USA 1812–1814 beteiligten und unter anderem bei Fort Dearborn eine Gruppe weißer ziviler Flüchtlinge überfielen und zum Teil töteten. Das erleichterte ihre Position nach der englischen Niederlage nicht.

Zu den obersten Häuptlingen der Potawatomi gehörte im ersten Drittel des 19. Jahrhunderts Metea, der am St. Joseph River lebte. In einem Treffen des Rates der Drei Feuer in Chicago mit Vertretern der US-Regierung, in dem über einen Landverkauf verhandelt wurde, hielt er die unten stehende Rede. Am Ende der Verhandlungen stimmte er allerdings dem Verkauf von über 20000 km² Landes an die USA zu.

1823 unterstützte Metea durch seine Ortskenntnis Stephen H. Longs Expedition zum Red River of the North. Er starb in Fort Wayne (Indiana) 1827 an einer versehentlichen Vergiftung.

Die Potawatomi wurden nach 1830 in ein Reservat namens Topeka im US-Bundesstaat Kansas verbracht. Nachdem sie das Recht der Freizügigkeit im ganzen Staatsgebiet erlangt hatten, zerstreuten sie sich. Nur wenige blieben im Reservat zurück. Heute leben etwa 28000 Nachkommen der Potawatomi.

Die Rede: Mein Vater, wir haben gehört, was ihr gesagt habt. Wir ziehen uns nun in unser Lager zurück und beraten darüber. Ihr hört im Augenblick nichts mehr von uns.

[Nach der Beratung erklärte der Häuptling:]

Wie versprochen treffen wir uns mit euch hier wieder, um euch zu sagen, was wir denken und worauf wir uns untereinander geeinigt haben. Euch bitten wir, uns aufmerksam zuzuhören und ernst zu nehmen, was wir sagen.

Ihr wisst, dass wir als Erste in dieses Land gekommen sind, vor langer Zeit, und als wir uns niederließen, hatten wir mit vielen Härten und Schwierigkeiten zu kämpfen. Unser Land war damals sehr groß; jetzt ist es zu einem kleinen Fleckchen zusammengeschrumpft, und das wollt ihr kaufen! Wir haben angesichts dieser Tatsache viel nachgedacht über das, was ihr uns gesagt habt, und wir haben deshalb alle Häuptlinge und Krieger und die jungen Männer, Frauen und Kinder unseres Stammes mit hierher gebracht, damit nicht einige von uns etwas tun, dem die anderen vielleicht nicht zustimmen, und damit alle Zeugen sind dessen, was vor sich geht.

Ihr kennt eure Kinder. Seit ihr zum ersten Mal zu ihnen gekommen seid, haben sie euren Worten immer aufmerksam zugehört und eure Ratschläge immer beherzigt. Wann immer ihr an uns ein Ansuchen gerichtet, wann immer ihr von uns einen Gefallen erbeten habt, wir haben mit Wohlwollen zugehört, und unsere Antwort lautete ohne Ausnahme: »Ja«. Das wisst ihr. Es ist schon lange her, seit wir damals in unser Land gekommen sind, unsere Alten sind alle schon in ihre Gräber gesunken. Sie waren klug. Wir sind alle jung und unerfahren, und wir wollen nichts tun, was sie nicht gutheißen würden, falls sie noch am Leben wären. Wir haben Angst, ihre Geister zu kränken, wenn wir unser Land verkaufen, und wir haben Angst, euch zu kränken, wenn wir es nicht tun. Unser Land ist uns vom Großen Geist gegeben worden, er hat es uns geschenkt, damit wir auf diesem Land jagen, unsere Maisfelder anlegen, auf ihm leben und uns dann darauf zur Ruhe legen, wenn wir sterben. Und er wird uns nicht verzeihen, wenn wir es hergeben.

Als ihr zum ersten Mal mit uns gesprochen habt wegen des Gebietes beim St. Mary River, sagten wir, ja, wir haben ein bisschen Land abzugeben und waren damit einverstanden, euch ein Stück davon zu verkaufen, aber wir sagten euch auch, wir könnten kein weiteres Land mehr erübrigen. Nun fragt ihr uns wieder. Ihr kriegt nie genug! Wir haben euch bereits ein großes Stück Land verkauft, aber es reicht euch nicht! Wir verkauften es euch wegen eurer Kinder, damit ihr es bebauen und davon leben könnt. Uns ist jetzt nur noch wenig Land übrig geblieben. Und das werden wir alles für uns selbst brauchen. Wir wissen nicht, wie lange wir leben werden, und wir möchten etwas Land haben, auf dem unsere Kinder jagen können. Ihr nehmt uns nach und nach unsere ganzen Jagdgründe weg. Eure Kinder treiben uns vor sich her. Wir werden unruhig. Die Gebiete, die ihr habt, mögt ihr für immer behalten; aber wir werden nichts mehr verkaufen.

Ihr denkt vielleicht, dass ich im Zorn spreche; aber mein Herz ist euch gut gesonnen. Ich spreche wie eines eurer eigenen Kinder. Ich bin ein Indianer, eine Rothaut, und ich lebe von der Jagd und vom Fischfang, aber mein Land ist schon zu klein, und ich weiß nicht, wie ich meine Kinder großziehen kann, wenn ich alles hergebe. Wir haben euch ein gutes Stück Land bei St. Mary verkauft. Wir sagten euch damals, dass es groß genug sei, um eure Kinder zu versorgen, und dass es das letzte sei, das wir verkaufen würden: Und wir dachten auch, es sei das letzte Land, um das ihr uns bitten würdet. Wir haben euch nun alles gesagt, was wir zu sagen haben. Es ist das, was wir in der Ratsversammlung miteinander beschlossen haben, und die Worte, die ich gesprochen habe, sind die Stimme meines Volkes. Darum sind alle unsere Leute hierhergekommen, um mir zuzuhören; aber denkt nicht, dass wir eine schlechte Meinung von euch haben. Weshalb sollten wir schlecht von euch denken? Wir sprechen zu euch aus gutem Herzen und mit freundschaftlichen Gefühlen.

Ihr kennt dieses Fleckchen Erde – das Land, in dem wir jetzt leben. Sollen wir es aufgeben? Ihr seht, dass es ein kleines Stück Land ist, und wenn wir es hergeben, was soll dann aus uns werden? Der Große Geist, der es uns zum Gebrauch überlassen hat, möchte, dass wir es behalten, um unsere jungen Leute großzuziehen und unsere Familien zu versorgen. Wir könnten seinen Zorn auf uns ziehen, wenn wir es verschachern. Wenn wir mehr Land hätten, würdet ihr auch mehr bekommen; aber unser Land schwindet nur so dahin, seit die Weißen unsere Nachbarn geworden sind. Wir haben schon jetzt noch kaum genug, um die Gebeine unseres Stammes mit Erde zu bedecken.

Ihr seid hier inmitten eurer roten Kinder. Was uns an Geld zusteht, möchten wir direkt hier an unserem Versammlungsort erhalten, weitere Zahlungen wollen wir nicht. Wir alle reichen euch unsere Hände. Schaut unsere Krieger, unser Frauen und Kinder an. Habt Nachsicht mit uns und unseren Worten.

40. CORNPLANTER II
(SENECA), 2. FEBRUAR 1822

Textvorlage: James Buchanan: Sketches of the History, Manners, and Customs of the North American Indians with a Plan for Their Amelioration. New York 1824, S. 55–59

Hintergrund:[73] Die Seneca kämpften im Unabhängigkeitskrieg auf der Seite der Engländer. Deswegen wurden sie 1779 von der Sullivan-Expedition der USA heimgesucht und gezwungen, in Dörfer am Buffalo Creek, Tonawanda Creek und Cattaraugus Creek umzuziehen. 1788 verkauften sie zusammen mit den anderen Stämmen der Irokesenliga große Landesteile an Oliver Phelps und Nathaniel Gorham, ferner Landesteile westlich des Genesee River im Vertrag von Big Tree 1797.

Aufgrund der Neutralität der Seneca im Krieg 1812–1814 erhielt der Stamm einen Landstrich am Allegheny River, wo Gyanwahia Viehzucht und Infrastruktur organisierte, aber bald auf Teilgebiete wieder verzichten musste. Mit der unten stehenden Rede wandte sich Cornplanter, inzwischen schon ein älterer und erfahrener Häuptling, an Joseph Heister (1752–1832), den Gouverneur von Pennsylvania.

Am Ende seines Lebens betrachtete er die Freundschaft mit den USA als einen Fehler. Als er 1836 auf dem ihm verbliebenen Gebiet starb, wurde er dort auch beigesetzt, da dem Stamm der ewige Besitz des Landes versprochen worden war. 1964 wurde allerdings sein Leichnam umgebettet, da dort der Kinzua-Stausee entstand.

Die Rede: Es erscheint mir wichtig, dem Gouverneur von Pennsylvania jetzt eine Rede zu senden. Ich möch-

---

[73] Zur älteren Geschichte der Seneca vgl. die Einleitung zu Cornplanters erster Rede.

te ihm von dem Ort erzählen, aus dem ich stamme und in dem ich lebe: Conewaugus[74] am Genesee-Fluss.

Als Kind spielte ich mit Schmetterlingen, Grashüpfern und Fröschen. Als ich größer wurde, kam ich nach und nach in Kontakt mit den indianischen Jungen aus der Nachbarschaft. Ihnen fiel auf, dass meine Haut eine andere Farbe hatte als die ihre, und sie sprachen mich darauf an. Ich fragte meine Mutter nach dem Grund, und sie sagte mir, dass mein Vater ein Agent der britischen Regierung in Albany sei. Zum Essen benützte ich damals immer noch eine Schüssel aus Baumrinde. Ich wuchs zu einem jungen Mann heran und heiratete – und ich besaß weder Kochtopf noch Gewehr. Ich erfuhr dann, wo mein Vater wohnte, und ich besuchte ihn und sah, dass er ein Weißer war und Englisch sprach. Zwar gab er mir etwas zu essen, solange ich mich in seinem Hause aufhielt, aber als ich mich auf den Rückweg machte, gab er mir keinen Proviant für unterwegs mit. Er schenkte mir keinen Topf und kein Gewehr, und er erzählte mir auch nicht, dass die Vereinigten Staaten gerade dabei waren, gegen die Regierung von England zu rebellieren.

Ich möchte euch nun sagen, ihr Brüder, die ihr in der gesetzgebenden Versammlung von Pennsylvania sitzt, dass der Große Geist mich zu der Einsicht gebracht hat, dass ich gefehlt habe, und der Grund dafür war der Revolutionskrieg in Amerika. Viele Indianer sind damals zur Sünde verführt worden: Sie hatten sich nämlich das Trinken angewöhnt und waren oft betrunken. Die Briten wollten, dass wir in dem Konflikt mit den Amerikanern auf ihrer Seite kämpften, und sie versprachen den Indianern Land und Alkohol dafür. Ich selbst wollte nicht, dass wir uns an dieser Auseinandersetzung beteiligen, weil ich mit den Schwierigkeiten zwischen den beiden Seiten nichts zu tun hatte. Ich habe euch nun

---

[74] So wurden die Siedlungen christlicher Indianer genannt.

erzählt, wie es dazu kam, dass die Indianer an der Revolution teilgenommen haben, und jetzt werde ich euch von einigen Erlebnissen nach dem Ende des Krieges berichten. General Putnam,[75] der sich damals in Philadelphia aufhielt, sagte mir, dass in Fort Stanwix eine Ratsversammlung stattfinden solle, und die Indianer baten mich, als Vertreter der *Six Nations* daran teilzunehmen. Das tat ich auch, und ich traf mich dort mit drei Kommissaren, die die Ratsversammlung leiten sollten. Sie wollten mich über die Gründe für die Revolution informieren, und ich bat sie, mir alles ganz ausführlich und genau zu erklären. Sie sagten dann, alles habe damit angefangen, dass die britische Regierung ihnen Steuern auferlegt hatte, die sehr hoch waren und die fünfzig Jahre lang immer weiter gestiegen seien, bis es den Amerikanern reichte und sie sich geweigert hätten, die Steuern weiter zu bezahlen, was wiederum den König verärgert habe. Auch habe es einen Zwischenfall gegeben in Zusammenhang mit irgendeinem Tee (sie wollten auch nicht, dass ich diesen Tee trinke, da seinetwegen viele Menschen ihr Leben hatten lassen müssen). Und weil die britische Regierung nun verärgert gewesen sei, habe es Krieg gegeben, und die Kanonen fingen zu donnern an in unserem Land. Auf der Ratsversammlung in Fort Stanwix sagte mir dann General Putnam, dass die Amerikaner durch diesen Krieg zwei Dinge erreicht hätten: Sie seien eine unabhängige Nation geworden, und sie hätten Land erhalten, auf dem sie leben könnten. Die Linie, die dieses Land von Großbritannien trenne, verlaufe durch die Seen. Dann sprach ich und sagte, ich wolle für die Indianer auch Land, auf dem sie leben können, und General Putnam sagte, dass diese Forderung erfüllt werden solle, und dass ich im Staat New York Land für die Indianer bekommen solle.

---

[75] Israel Putnam (1718–1790), US-General im Unabhängigkeitskrieg.

General Putnam meinte dann, dass ich mich dafür einsetzen solle, dass bei den Indianern dauerhaft Ruhe und Frieden einkehren; und da er das für keine einfache Sache hielt, fragte er mich, was ich als Entlohnung dafür haben wolle. Ich antwortete ihm, dass ich, wie er es wünsche, mein Möglichstes tun werde und dass ich als Gegenleistung dafür gern ein Stück Land haben wolle. Er solle mir weder Geld noch Waren dafür geben, nur Land. Und für meinen Einsatz bekam ich dann das Stück Land, auf dem ich jetzt lebe, das mir Gouverneur Mifflin[76] zugeteilt hat. Ich sagte General Putnam, dass ich noch möchte, dass das Rotwild und die anderen wilden Tiere den Indianern alleine gehören sollten, und er sagte es zu. Weiterhin wollte ich, dass die Indianer alleine das Recht haben sollten, in den Wäldern zu jagen und Feuer zu machen, und auch dem stimmte er zu. Der Vertrag, der auf dieser Ratsversammlung geschlossen worden war, ist inzwischen mehrmals durch Weiße gebrochen worden, und darüber möchte ich dem Gouverneur jetzt berichten:

Manche Weiße wollen nicht, dass die Indianer noch jagen dürfen, während andere nichts dagegen einzuwenden haben. Die Weißen, die in der Nähe unseres Reservats leben, sagen zu uns, die Wälder gehörten ihnen und sie hätten sie vom Gouverneur erhalten. Der Vertrag wurde auch von den Weißen gebrochen, die begonnen haben, alle Wölfe zu töten – davon hatte General Putnam auf der Ratsversammlung in Fort Stanwix nichts gesagt, das Problem ist erst später aufgetaucht.

Der Vertrag ist auch vor Kurzem schon wieder gebrochen worden: Weiße nahmen Kredite bei Indianern auf, aber sie zahlten sie nicht ordnungsgemäß zurück, so wie es vereinbart worden war. Den Vertrag haben

---

[76] Thomas Mifflin (1744–1800), General im Unabhängigkeitskrieg und Gouverneur von Pennsylvania 1790–1799.

auch Weiße gebrochen, die in der Nähe meines Wohn-
platzes leben: Die Melonen und den Wein, die ich auf
meinem Feld anbaue, nehmen sie mir einfach weg, so
als gehörten die Früchte ihnen. Und weiter ist der Vertrag durch Weiße gebrochen worden, die unsere Kiefern von uns haben wollten. Wir haben nur sehr wenige
Kiefern in unserem Gebiet im Staat New York, und
Weiße und Indianer geraten oft ihretwegen aneinan-
der. Dazu kommt, dass die Weißen begonnen haben,
eine große Menge Whiskey in der Nähe unseres Reservats zu lagern, und die Indianer kaufen ihn und betrin-
ken sich. Dann ist noch etwas vorgefallen, was sehr
belastend für mich ist, und ich möchte, dass der Gouverneur in dieser Angelegenheit etwas unternimmt.

Die Weißen, die in Warren leben, kamen vor einiger
Zeit zu mir und wollten, dass ich Steuern für mein
Land zahle, was ich natürlich ablehnte, da so etwas
noch nie zuvor von mir verlangt worden ist. Nachdem
ich mich geweigert hatte zu zahlen, wurden die Weißen
sehr ärgerlich, sie kamen immer wieder zu mir und erschienen schließlich mit vier Gewehren bewaffnet und
wollten mir mein Vieh wegnehmen. Ich weigerte mich
immer noch zu zahlen, und ich wollte auch meine Tiere
nicht hergeben. Nach einem längeren Streit gingen sie
heim, und ich hörte, dass die Miliz zu mir geschickt
werden sollte, um die Eintreibung der Steuer zu er-
zwingen. Ich ging nach Warren, und um die drohende
Gefahr abzuwenden, musste ich unterschreiben, dass
ich die Steuer in Höhe von 43 Dollar und 79 Cent bezahlen werde. Ich möchte gerne, dass der Gouverneur
mich davon befreit, für Land, das mir gehört, an Weiße
Steuern zahlen zu müssen, und dass er auch veranlasst,
dass mir das Geld, das ich jetzt zahlen muss, wieder
zurückerstattet wird, denn ich bin sehr arm. Es ist Aufgabe des Gouverneurs, sich um das Wohl der Menschen zu kümmern, und ich möchte, dass er jemanden
nach Allegheny sendet, damit ich ihn über die Gege-

benheiten hier vor Ort informieren kann. Er soll auch die Befugnis haben, den Weißen Anweisungen zu geben, wie sie sich den Indianern gegenüber zu verhalten haben.

Die Leute von der Regierung versprachen uns, wenn es zu irgendwelchen Schwierigkeiten zwischen Indianern und Weißen käme, dann würden sie dafür sorgen, dass diese geklärt würden. Bei uns gibt es gerade sehr große Probleme, und ich wünsche, dass der Gouverneur jemanden sendet, der bis Anfang des nächsten Sommers, noch bevor das Gras so hoch ist, dass die Tiere darauf weiden können, alles wieder ins Lot bringt.

Vor Jahren hatte mich der Gouverneur gebeten, auf die Indianer aufzupassen und mich um sie zu kümmern. Jetzt sind wir, so glaube ich, an einen Punkt gekommen, an dem das Überleben der Indianer auf dem Spiel steht, wenn der Gouverneur nicht tut, worum ich ihn bitte, und jemanden sendet, der die Befugnis hat, kommenden Sommer als Unterhändler zwischen uns und den Weißen tätig zu werden.

Nun habe ich nichts mehr zu sagen.

41. Petalesharo (Pawnee), 4. Februar 1822

Textvorlage: James Buchanan: Sketches of the History, Manners, and Customs of the North American Indians with a Plan for Their Amelioration. New York 1824, S. 41–44

Hintergrund: Die Pawnee gehörten zur Caddo-Sprachfamilie und siedelten seit dem 15. Jahrhundert an den Nebenflüssen des Missouri. Im Bündnis mit den Franzosen und Comanche gelang es ihnen im 18. Jahrhundert, ihre alten Feinde, die Apachen aus den Plains zu verdrängen. Die Osage sowie Angriffe der Sioux aber nötigten die Pawnee, nach Kansas abzuziehen. Außerdem wurden sie geschwächt durch Epidemien und weitere Angriffe verfeindeter Stämme, besonders auch durch Pferdediebstähle. Mehrfach wurden die Pawnee im 19. Jahrhundert gezwungen, in Verträgen mit den USA Land abzutreten.

Drei Pawnee-Häuptlinge trugen den Namen Petalesharo. Der ältere (1797 – um 1832) rettete eine Gefangene aus einem verfeindeten Stamm, die bei einer Zeremonie geopfert werden sollte. Diese Tat erregte in amerikanischen Zeitungen viel Aufmerksamkeit. Er gehörte einer Häuptlingsdelegation an, die im Rahmen einer Reise von Oktober 1821 bis März 1822 durch mehrere amerikanische Städte Präsident Monroe in Washington besuchte und von der US-Regierung mit dem Glanz der Hauptstadt beeindruckt werden sollte. Die Indianer sollten so durch Furcht von weiteren Feindseligkeiten gegen die USA abgehalten werden. Anlässlich des Besuches beim Präsidenten hielt Petalesharo die unten stehende Rede. 1825 unterzeichnete er mit seinem Vater den Vertrag von Fort Atkinson.

1874 musste der Stamm ins Indianerterritorium ziehen, wogegen der jüngste Petalesharo protestierte, aber erschossen wurde. Um 1900 waren die Pawnee, die einst ihre Region dominiert hatten, auf nur noch 600 Stammesmitglieder reduziert. Von dem Stamm leben heute noch etwa 2500 Menschen. Ihre Sprache ist inzwischen ausgestorben.

Die Rede: Mein Großer Vater, ich bin weit gereist, um euch zu sehen – nun habe ich euch gesehen, und mein Herz ist froh. Ich habe eure Worte gehört, sie sind bei mir zu einem Ohr hineingegangen, aber ich werde sie nicht zum anderen Ohr wieder herausschlüpfen lassen, sondern sie meinem Volk überbringen, genauso, wie sie aus eurem Munde gekommen sind.

Mein großer Vater, ich werde die Wahrheit sagen. Der Große Geist schaut auf uns herab, und ich rufe ihn als Zeugen an für alles, was sich heute zwischen uns ereignet. Dass ich jetzt hier sein und euer Volk sehen konnte, eure Häuser, eure Schiffe auf dem großen See und viele wunderbare Dinge, die meine Vorstellungskraft bei Weitem übersteigen und die offenkundig vom Großen Geist gemacht und in eure Hände gelegt worden sind, dafür stehe ich in der Schuld meines Vaters hier, der mich aus meiner Heimat zu sich hierher eingeladen hat und unter dessen Flügeln ich die ganze Zeit beschützt war. Ja, mein Großer Vater, ich bin mit eurem Häuptling gereist, und seiner Spur bin ich gefolgt, aber es gibt noch einen anderen Großen Vater, dem ich noch mehr Dank schulde – das ist unser aller Vater, er, der uns gemacht und auf diese Erde gesetzt hat. Ich bin dem Großen Geist dankbar, dass er mein Herz für dieses Unternehmen gestärkt und mir das Leben, das er mir geschenkt hat, bis jetzt erhalten hat. Der Große Geist hat uns alle gemacht – er machte meine Haut rot und die eure weiß; er setzte uns auf diese Erde und wollte, dass wir alle auf verschiedene Art und Weise leben.

Er erschuf die Weißen so, dass sie die Erde bearbeiten und sich von Haustieren ernähren; aber er machte uns Rothäute so, dass wir durch die Wälder und Prärien streifen, uns von wilden Tieren ernähren und uns in ihre Häute kleiden. Genauso wollte er, dass wir kämpfen, unsere Feinde besiegen, sie skalpieren oder ihnen ihre Pferde wegnehmen, aber dass wir zu Hause Frieden bewahren und uns gegenseitig unterstützen. Ich glaube, es gibt kein Volk auf der Erde, gleich welcher Hautfarbe, das nicht an den Großen Geist glaubt und daran, dass er belohnen und strafen kann. Wir verehren ihn, aber wir verehren ihn nicht so, wie ihr das tut. So, wie wir uns von euch in unserem Aussehen, in unserem Benehmen wie in unseren Sitten unterscheiden, so unterscheiden wir uns auch in der Religion. Bei uns gibt es nicht so wie bei euch große Häuser, um dort den Großen Geist zu verehren. Wenn wir heute an einem Ort so ein Haus hätten, bräuchten wir morgen schon ein weiteres; denn wir leben nicht nur an einem Platz wie ihr – wir haben kein festes Zuhause. In unseren Dörfern halten wir uns nur während zwei von zwölf Monden auf. Wir streifen durch das Land wie die Tiere, ihr Weißen dagegen wohnt zwischen uns und dem Himmel. Aber dennoch, mein Großer Vater, verehren wir den Großen Geist – wir erkennen ihn als oberste Macht an – unser Frieden, unsere Gesundheit und unser Glück hängen von ihm ab, und unser Leben gehört ihm. Er hat uns das Leben gegeben, und er kann es uns auch nehmen.

Mein Großer Vater: Ihr habt ein paar rechtschaffene Häuptlinge, oder wie sie bei euch heißen, die beabsichtigen, gute Leute [die Missionare] zu uns zu senden, um unsere Sitten zu ändern und uns dazu zu bringen, wie die Weißen zu arbeiten und zu leben. Ich werde nicht lügen, ich werde die Wahrheit sagen. Ihr liebt euer Land, ihr liebt eure Leute, ihr liebt die Art, wie sie leben, und ihr haltet eure Leute für brav und tapfer. Ich bin wie ihr, mein Großer Vater, ich liebe mein Land, ich liebe meine Leute, ich liebe die Art, wie wir leben, und ich halte mich und meine Krieger für brav und tapfer. Verschont mich also, mein Vater; lasst mir die Freude an meinem Land, lasst mich Büffel jagen und Biber und

die anderen wilden Tiere, die es bei uns gibt, die Felle
werde ich dann an eure Leute verkaufen. So bin ich
aufgewachsen, und ich habe so lange so gelebt, ohne
Feldarbeit zu verrichten, und ich hoffe, dass ihr mich
bis zu meinem Lebensende so weiterleben lasst. Wir
haben genug Büffel, Biber, Rotwild und andere wilde
Tiere, wir haben Pferde im Überfluss, wir haben alles,
was wir brauchen, wir haben genug Land, wenn ihr
nur eure Leute davon fernhalten könntet. Zwar hat
auch mein Vater[77] ein Stück Land, auf dem er lebt
[Council Bluffs],[78] aber wir wünschen ihm viel Freude
daran, wir haben auch ohne dieses Grundstück Land
genug. Es ist uns im Gegenteil ein Anliegen, dass er in
unserer Nähe lebt und uns gute Ratschläge gibt, damit
wir mit seiner Hilfe unsere Ohren und Augen offen
halten und hoffentlich weiterhin den richtigen Weg beschreiten, der uns zu Wohlergehen und Zufriedenheit
führt. Er schlichtet alle Unstimmigkeiten zwischen uns
und den Weißen und auch unter den Rothäuten selbst,
er bringt die Weißen dazu, anständig zu den Rothäuten
zu sein und die Rothäute dazu, fair zu den Weißen zu
sein. Er verhindert Blutvergießen und gibt dem Land
Glück und Frieden zurück. Ihr habt uns bereits diesen
einen Vater gesandt; wir kennen einander mittlerweile
gut genug, wir vertrauen ihm, wir tun immer, was er
sagt, und seit wir eure Worte gehört haben, werden wir
noch aufmerksamer auf die seinen hören.

Es ist zu früh, mein Großer Vater, auch noch jene anderen guten Männer zu uns zu schicken. Wir verhungern noch nicht, wir wünschen uns, dass ihr uns weiter
jagen lasst, solange es in unserem Land noch wilde Tiere gibt. Lasst uns unsere jetzigen Nahrungsquellen

---

[77] Der örtliche Indianerbeauftragte.
[78] Land zu beiden Seiten des Missouri an der Mündung des
Platte River sowie der Westen von Mills County (Iowa). Bluffs
sind Uferklippen.

164

nutzen, bevor ihr uns zwingt, den Boden zu bearbeiten; denn dann wäre es vorbei mit unserem glücklichen Dasein. Mich lasst weiter so leben wie bisher: Erst wenn ich einmal aus meinem jetzigen ungebundenen Leben zum Guten oder zum Bösen Geist gegangen sein werde, dann werden meine Kinder, wenn es ihnen schwerfällt, für ihren Lebensunterhalt zu sorgen, und sie die Hilfe jener guten Männer brauchen, diese auch bereitwillig annehmen.

Es gab eine Zeit, als wir die Weißen nicht kannten, damals waren unsere Wünsche kleiner als jetzt. Wir konnten unseren Bedarf immer decken, wir haben zu jener Zeit nie etwas gesehen, was wir uns nicht hätten verschaffen können. Vor unserem Zusammentreffen mit den Weißen (die unser Wild extrem dezimiert haben) konnte es sein, dass wir uns schlafen legten und beim Aufwachen Büffel um unser Lager grasen sahen. Jetzt töten wir die Büffel um ihrer Häute willen, verfüttern ihr Fleisch an die Wölfe – und bald schon werden unsere Kinder über ihren Knochen weinen.

Hier, mein Großer Vater, ist eine Pfeife. Ich schenke sie euch, weil ich an die Rothäute, die in Frieden mit uns leben, immer Pfeifen zu verschenken pflege. Sie ist mit dem Tabak gefüllt, den wir immer rauchten, früher, bevor wir auf die Weißen trafen. Er ist wohlschmeckend und wächst ganz von selbst in weit abgelegenen Teilen unseres Landes. Nehmt auch diese Gewänder, Beinkleider, Mokassins, Bärenklauen und die anderen Dinge: Ich weiß, dass sie euch nichts bedeuten, aber wir möchten, dass ihr ihnen einen besonderen Platz in eurem Haus gebt und sie dort für kommende Zeiten aufbewahrt. Wenn wir gegangen sein werden und Erde unsere Knochen bedeckt und unsere Kinder dann hierher an diesen Ort kommen, so wie wir jetzt, sollen sie sich erfreuen beim Anblick der Gaben ihrer Väter und der alten Zeiten gedenken.

42. SPECKLED SNAKE (CHEROKEE), 1829

Textvorlage: Cherokee Phoenix and Indian's Advocate, 2. Jahrgang, Mittwoch, den 8. Juli 1829, S. 2, Spalte 2a. In gekürzter Fassung befindet sich der Text auch in: Samuel G. Drake: Biography and History of the Indians of North America, from its first Discovery. Boston 111851, S. 450

Hintergrund: Die Cherokee, die sich selbst Tsalagi nannten, rechnete man zu den sogenannten Fünf zivilisierten Nationen. Sie bewohnten ursprünglich die südlichen Appalachen und sind sprachlich mit den Irokesen verwandt. 1540 besuchte sie Hernando de Soto, 1684 lernten sie die Engländer kennen, mit denen sie regen Handel trieben (Felle und indianische Sklaven gegen Werkzeuge und Vieh). Über diese Handelsbeziehungen wachten die Engländer eifersüchtig und sicherten sie schließlich für sich alleine. Dafür verteidigte England das Cherokee-Gebiet gegen andere Weiße. Daher standen die Cherokee im Französisch-Englischen Krieg auf englischer Seite, ebenso im Unabhängigkeitskrieg. Nach dem Sieg der USA versöhnten sie sich mit der neuen Regierung, was sie jedoch ebenso wenig vor der Vertreibung aus ihren angestammten Gebieten bewahrte wie das hohe Maß ihrer Anpassung an die Lebensweise der Weißen.

Zu Beginn des 19. Jahrhunderts entwickelte Sequoyah (1770–1843), der von einer Cherokee und einem weißen Kaufmann abstammte, nach europäischem Vorbild eine eigene Schrift, in der auch eine eigene Zeitung, der *Cherokee Phoenix*, veröffentlicht wurde. Die Zeitung existierte vom 21. Februar 1828 bis zum 31. Mai 1834 und erlebte 260 Ausgaben. Sie war in Englisch und in Cherokee gedruckt. Die Schrift wird noch heute von einem Teil der Cherokee verwendet und ist der Sprache, die sie abbilden soll, hervorragend angepasst.

Einige Cherokee stimmten 1828 einer Umsiedlung zu und

erhielten ein Siedlungsgebiet im Nordosten Oklahomas, andere Stammesmitglieder wehrten sich dagegen und wurden zwangsweise umgesiedelt, und zwar gegen ein Urteil des Supreme Court, der die Vertreibung für rechtswidrig erklärte. Von 18000 Cherokee starben bei der Zwangsumsiedlung etwa 4000, nachdem schon im 18. Jahrhundert zwei Epidemien die Hälfte des Stammes dahingerafft hatte. Die unten stehende Rede ist eine Antwort des Häuptlings Speckled Snake, der zu diesem Zeitpunkt bereits 100 Jahre alt gewesen sein soll, auf ein Freundschaftsangebot Präsident Jacksons.

Im Bürgerkrieg waren die Cherokee ebenso gespalten wie die USA selbst.

Heute leben etwa 700000 Nachkommen der Cherokee in den USA, meist in relativem Wohlstand.

Die Rede: Brüder! Wir haben die Rede unseres großen Vaters gehört; sie ist sehr freundlich. Er sagt, er liebt seine roten Kinder. Brüder! Ich habe schon viele Reden unseres großen Vaters gehört. Am Anfang, als er über die weiten Wasser kam, war er nur ein kleiner Mann und trug einen roten Rock. Unsere Häuptlinge trafen ihn an den Ufern des Savannah und rauchten mit ihm die Friedenspfeife. Er war damals sehr klein. Seine Beine waren verkrampft vom langen Sitzen in seinem großen Schiff, und er bat uns um eine wenig Land, auf dem er seine Feuer entzünden könnte. Er sagte, er sei über die weiten Wasser gekommen, um die Indianer neue Dinge zu lehren und sie glücklich zu machen. Er sagte, er liebe seine roten Brüder, er war sehr freundlich.

Die Muskogee gaben dem weißen Mann Land und zündeten ihm ein Feuer an, damit er sich wohlfühle, und als die Bleichgesichter aus dem Süden[79] gegen ihn Krieg führten, ergriffen die jungen Männer des Stam-

---

[79] Die Spanier aus Florida hatten versucht, die in Georgia gelegene englische Ansiedlung (sie stand unter der Leitung von General Oglethorpe) einzunehmen.

mes den Tomahawk und bewahrten den Kopf des weißen Mannes davor, skalpiert zu werden. Aber als er
sich am Feuer des Indianers gewärmt und sich am
Maisbrei des Indianers satt gegessen hatte, wurde er
groß. Mit einem Schritt überspante er die Berge, und
seine Füße bedeckten die Täler und Ebenen. Seine Hände griffen nach dem Meer im Osten und nach dem
Meer im Westen, und sein Kopf ruhte auf dem Mond.
Dann wurde er unser großer Vater. Er liebte seine roten
Kinder, und er sagte: »Rückt ein bisschen zur Seite, damit ich nicht auf euch trete!« Mit dem einen Fuß stieß er
den roten Mann über den Oconee[80], und mit dem anderen zertrampelte er die Gräber seiner Ahnen und die
Wälder, in denen der rote Mann so lange das Wild gejagt hatte.

Aber seine Kinder liebte unser großer Vater immer
noch, und bald hielt er ihnen wieder eine Rede. Er sagte viel, aber alles lief immer nur auf das eine hinaus:
»Geht weiter weg, ihr seid zu dicht bei mir!« Aber es
gab damals wie heute bei den Muskogee böse Männer.
Sie lungerten bei den Gräbern ihrer Ahnen herum, und
als diese unter dem schweren Tritt unseres großen Vaters vernichtet wurden, da schlugen sie ihre Zähne in
seine Füße und verärgerten ihn damit. Aber er liebte
seine Kinder weiter, und wenn sie sich seiner Meinung
nach zu langsam fortbewegten, schickte er seine großen Gewehre nach vorne, um sich den Weg freizuma-
chen.

Brüder! Ich habe schon sehr viele Reden von unserem großen Vater gehört, aber sie begannen und ende-
ten alle damit: »Geht weiter weg, ihr seid zu nah bei
mir.«

Brüder! Unser großer Vater sagt: »Wo wir jetzt sind,
haben unsere weißen Brüder schon immer das Land
für sich beansprucht.« Er spricht mit einer ungespalte-

---

[80] Fluss nördlich von Florida, der in den Atlantik mündet.

nen Zunge, und es kann nicht sein, dass er lügt. Aber als er anfangs über die weißen Wasser kam, als er noch klein war und bei der Ratsversammlung von Yamacraw Bluff[81] vor dem großen Häuptling stand, sagte er: »Gib mir ein bisschen Land, so viel, wie du übrig hast, ich werde es bezahlen.«

Brüder! Wenn unser großer Vater früher eine Rede hielt, sagte er »Zieht ein bisschen weiter weg, zieht hinüber über den Oconee und den Oakmulgee,[82] da gibt es gutes Land!« Und er sagte auch: »Das soll für immer euch gehören!« Ich habe seine jetzige Rede gehört. Er sagt: »Das Land, auf dem ihr lebt, gehört euch nicht, zieht auf die andere Seite des Mississippi, da gibt es Wild; da könnt ihr bleiben, solange Gras wächst und Wasser fließt.«

Brüder! Wird unser großer Vater nicht auch irgendwann dorthin kommen? Er liebt seine roten Kinder und er hat keine gespaltene Zunge.

Brüder! Unser großer Vater sagt, dass unsere bösen Männer ihm das Herz hätten bluten lassen durch den Mord an einem seiner weißen Kinder. Aber wo bleiben die roten Kinder, die er liebt und die einst so zahlreich waren wie die Blätter im Wald? Wie viele wurden von seinen Kriegern ermordet, wie viele wurden unter seinen eigenen Schritten zertreten?

Brüder! Unser großer Vater sagt, wir müssen über den Mississippi hinüber ziehen. Dort werden wir unter seinem Schutz stehen und in den Genuss seiner Freundlichkeit kommen. Er ist sehr gut. Wie das ist – das haben wir alle schon erfahren.

Brüder! Ich habe zu Ende gesprochen!

---

[81] Ein Abschnitt am Savannah River, der einer Gruppe von Creek den Namen gab.
[82] Fluss in Alabama.

43. KEOKUK (SAUK), 1832

Textvorlage: Perry A. Armstrong The Sauks and the Black Hawk War. Springfield (Illinois) 1887, S. 265–268

Hintergrund: Die Sauk, enge Verwandte der Fox, sind ein Stamm der Algonkin-Sprachfamilie. Sie lebten einst am St. Lorenzstrom, wichen dann aber vor anderen Stämmen in die Gegend des heutigen Bundesstaates Michigan aus und zogen von hier aus weiter in die Gegend von Illinois.

1804 schloss ein Teil der Sauk einen Vertrag mit den USA über den Verkauf eines Teils ihres Landes. Zu den USA-freundlichen Sauk gehörte Häuptling Keokuk (1767–1848), der glaubte, mit Diplomatie möglichst viel Land für seinen Stamm bewahren zu können.

Sein Widersacher war zuerst Makataime Shekiakiak/Schwarzer Falke, später Black Hawk, der zu einem Krieg gegen die USA aufrief und sich im Krieg 1812–1814 auf die Seite der Engländer schlug, während Keokuk zu den USA hielt. In der unten stehenden Rede erläutert Keokuk die Gründe seines Standpunktes.

Keokuk war aufgrund seiner Verdienste im Krieg gegen die Dakota und wegen seiner Charaktereigenschaften Häuptling geworden. 1816 unterzeichnete er zusammen mit Black Hawk einen Vertrag mit den USA in St. Louis, der letztendlich die Abtretung des Stammeslandes bedeutete. Keokuk zog mit seinen Anhängern in ein ihnen zugewiesenes Land in Iowa um, während Black Hawk mit seinen Leuten zunächst in der Heimat blieb. Für seine Loyalität wurde Keokuk von den USA zum Häuptling des Gesamtstammes der Sauk und der Fox ernannt (wofür der Regierung freilich jede Legitimation fehlte) und mit der Verwaltung der den Sauk zugewiesenen Gelder beauftragt. Dabei soll er seinen eigenen Vorteil nicht vergessen haben.

Der Krieg, den Black Hawk gegen die USA führte, war

vergeblich. 1845 wurden die Sauk zu einem weiteren Umzug nach Kansas genötigt. Noch einmal stimmte Keokuk zu. Er starb 1848. Ein Denkmal für ihn wurde 1883 errichtet.

Die Rede: Stammesführer, Häuptlinge, Kämpfer und Krieger der Sauk: Euren Wunsch, gegen die Bleichgesichter auf den Kriegspfad zu ziehen und so das große erlittene Unrecht zu rächen, die Verfolgungen, Gräueltaten und Morde, die sie an unserm Volk begangen haben, habe ich gehört und gründlich durchdacht. Ich denke und fühle wie ihr, und ich stimme in der Einschätzung dieser schrecklichen Verbrechen auch mit euch überein. Es gibt unter uns nur wenige, die nicht den Tod von nahen und geliebten Menschen durch die Hände von den Long-Guns[83] zu beklagen haben. Die weißen Siedler werden immer mehr. Ihre Häuser sind so zahlreich wie die Bäume im Wald, und ihre Soldaten schießen aus dem Boden wie das Gras auf der Prärie. Sie haben den sprechenden Donner,[84] der den Tod in große Entfernungen trägt, und lange Gewehre und kurze,[85] lange Messer und kurze,[86] Munition und Proviant im Überfluss, und ihre Soldaten reiten auf kräftigen, kampferprobten Pferden. In einer Auseinandersetzung, bei der unsere Truppenstärke so viel geringer ist als die ihre, müssen wir letztendlich unterliegen. Alles, was wir vernünftigerweise erwarten oder hoffen können, ist, dass wir uns an diesen verhassten Gegnern so gut wie irgend möglich rächen, und wenn wir schon fallen müssen, dass wir mit unseren Gesichtern in Richtung Feind fallen. Dies Unternehmen ist immens, und in unseren Anstrengungen müssen wir deshalb bis zum Äußersten gehen. Jeder Kämpfer und Krieger, der

---

[83] Die Pioniere, also die amerikanischen Siedler, die mit ihren langen Gewehren bewaffnet waren.

[84] Kanonen.

[85] Gewehre, Flinten und Pistolen.

[86] Schwerter und Jagdmesser oder Dolche.

einen Tomahawk werfen oder einen Knüppel schwingen kann, muss sich uns anschließen. Wenn wir einmal den Mississippi überquert haben, darf niemand an Rückzug denken, solange noch ein Feind zu schlagen und ein Schädel zu skalpieren ist. Wenn wir fallen, dann lasst uns, falls unsere Kraft es noch erlaubt, unsere schwachen und blutenden Körper zu den Gräbern unserer Vorfahren schleppen und da sterben. So kann sich unsere Asche mit der ihren vermischen, während unsere entschwindenden Geister sich auf den langen Weg machen, den die Ahnen uns durch ihre Reise zum Land der Geister schon geebnet haben.

Als euer Häuptling ist es meine Pflicht, in Friedenszeiten euer Vater zu sein, und euer Führer und Vorkämpfer, wenn wir auf dem Kriegspfad sind. Ihr habt euch dafür entschieden, den Kriegspfad zu beschreiten, und ich werde euch zum Sieg führen, wenn der gute Geist obsiegt. Wenn nicht, wenn also der böse Geist das Geschehen bestimmt, dann werde ich am Platze meiner Pflicht untergehen. Was aber sollen wir mit unseren Alten und Kranken, unseren Frauen und Kindern machen? Wir können sie nicht mit uns auf den Kriegspfad nehmen; denn sie würden unsere Bewegungen behindern und unsere Rachepläne zunichtemachen. Wir können nicht wagen, sie zu Hause zurückzulassen, wo sie dazu verurteilt sind, hungers zu sterben oder von den Bleichgesichtern gefangen genommen zu werden, die die Alten und die Jungen ermorden und unseren Frauen und Töchtern ein Schicksal bereiten würden, das schlimmer ist als selbst der Tod.

Ich werde euch auf den Kriegspfad führen, jedoch nur unter dieser einen Bedingung: dass wir zuerst unsere Frauen und Kinder, unsere Alten und Schwachen sanft hinübergeleiten in den Schlaf, der kein Erwachen im Diesseits kennt. Dann werden wir ihre Körper sorgsam und sanft unseren verehrten Toten zur Seite legen, und von dort können ihre befreiten Geister aufbrechen zu der langen Reise in die glückliche Heimat im Land der Träume weit hinten unter dem Abendstern. Denn wir betreten den langen Pfad, von dem es kein Zurück mehr gibt und von dem aus wir ihnen in ein paar kurzen Monaten nachfolgen werden. Sie jedenfalls sollen nicht diejenigen sein, die uns nachfolgen. Dieses Opfer wird uns abverlangt von der Liebe selbst, die wir für diese geliebten Menschen empfinden. Unser Gefühl für Menschlichkeit sagt uns, dass wir sie nicht in den Kampf mitnehmen, dass wir aber auch nicht wagen können, sie zurückzulassen.

[Dann an den inzwischen zitternden Black Hawk:] Euch, verehrter Häuptling, bitte ich nun um eine Antwort auf das, was ich gesagt habe. Eure lange Erfahrung auf dem Kriegspfad sagt euch, dass ich die Wahrheit gesagt habe, und doch habt ihr uns mit eurer so bewundernswerten Beredsamkeit zu diesem schrecklichen Opfer gedrängt. Euer Geist ist durch das Brüten über den dauernden Übeltaten der Bleichgesichter gegen euch und euer Volk schwach geworden, bis ihr den Einflüsterungen böser Berater – die gar nicht die Wahrheit sagen können, sind doch ihre Zungen gespalten wie bei den Schlangen – ein offenes Ohr geliehen habt.

Sie kamen zu euch unter dem Deckmantel der Freundschaft und gaben vor, euer Bestes zu wollen, und sie haben sich mit falschen Schmeicheleien in euer Vertrauen geschlichen, nur um euch auf den krummen Pfad des Verderbens und der Vernichtung zu locken. Sie sind eure und eurer Leute Feinde, nicht eure Freunde. Sie erzählten euch erst, dass der britische Vater euch Hilfe und Beistand versprochen hat durch Entsendung von Kriegern wie auch durch Gewehre, Tomahawks, Speere, Messer, Munition und Proviant, sofern ihr an der Spitze einer Armee wieder über den Mississippi zurückkehrt. Warum hat er dies alles denn nicht gleich euch gegeben, damit ihr selbst eine kriegsbereite Armee aufstellen, bewaffnen und mit Proviant ausstatten könnt? Allein dies beweist, dass die ganze Geschichte eine Lüge ist, die ohne Zweifel von Neapope[87] oder seinem schlauen Bruder Winnesheik[88] ausgedacht worden ist, nur um euch und eure Leute hinters Licht und in die Irre zu führen. Der britische Vater hat mit unserm Großen Vater in Washington Frieden geschlossen, und keiner von beiden weiß um eure Sorgen, und keinem liegen sie wirklich am Herzen. Die gleichen üblen Ratgeber haben euch auch gesagt, dass in dem Moment, wo ihr euren Kriegsruf östlich des Mississippi erschallen lasst, alle Indianerstämme zwischen dem Mississippi und dem Illinois-Fluss aufstehen werden wie ein einziger Mann, dass sie mit euch zusammengehen und unter eurem Banner das ihnen zugefügte Unrecht an den weißen Pionieren rächen werden. Nur: Welches Unrecht sollten sie denn rächen wollen? Die Beziehungen zwischen ihnen und den weißen Siedlern sind gut, von gegenseitigem Wohlwollen getragen und friedlich, die Indianer haben überhaupt keinen Grund zu klagen und hegen keinerlei Groll gegen die Weißen. Und doch haben die Briten euch gesagt, dass die Indianer auf der anderen Seite des Flusses nicht nur bereit seien, mit euch gemeinsam ein großes Massaker an den Siedlern an der Grenze in Nord Illinois anzurichten, sondern dass sie förmlich darauf brennen und nur warten, bis im Wachtturm von Saukenuk eure Signalfeuer wieder entzündet werden, damit das Morden endlich beginnen kann. Wenn dem so wäre, warum sind dann nicht ihre großen Kriegshäuptlinge heute Abend hier? Wo sind Wauponsee,[89] The Red Devil, Big Thunder Shaata und Meachelle? Warum sind sie nicht selbst hier oder ha-

---

[87] Kampfgefährte Black Hawks.
[88] Häuptling der Winnebago.
[89] Ein Potawatomi-Häuptling (um 1760–1848).

ben wenigstens ihre Vertreter geschickt, wenn es denn stimmen sollte, dass sie nur danach lechzen, mit euch auf den Kriegspfad zu ziehen? Ihr Fehlen ist der schlagende Beweis, dass sie nicht Interesse noch Lust haben, euch bei diesem Selbstmordunternehmen zu begleiten. Ihr seid betrogen worden, ja, grausam betrogen, durch jene Berater mit gespaltener Zunge, die euch auf den krummen Weg des Bösen Geistes führen wollen und keine Liebe für euch empfinden und keinerlei Respekt, weder vor euren grauen Haaren noch vor eurem guten Namen.

Ich beschwöre euch, bei dem guten Klang, den euer Name immer gehabt hat, bei den Ehren und Trophäen, die ihr auf dem Kriegspfad errungen habt, bei der Liebe, die ihr hegt für die tapfere kleine Schar eurer Leute, bei allem, was euch heilig ist und was ihr liebt, gebt dieses chaotische, wahnsinnige und verzweiflungsvolle Unternehmen auf und kehrt in euer Dorf zurück. Es ist Zeit für die Aussaat, und eure Felder sind noch nicht vorbereitet. Geht zurück und sät und pflanzt die Feldfrüchte für den Sommer. Erhebt euch zu der Würde und Größe, die mit der ehrenvollen Position eines Vaters eurer wackeren kleinen Schar verbunden ist, schüttelt die Fußfesseln des Bösen Geistes ab, die euch an Händen und Füßen binden, und lenkt eure Füße weg von dem krummen Kriegspfad und hin zu dem Pfad, der zum Frieden führt. Nur auf diese Weise könnt ihr die Gruppe eurer wahren Getreuen vor der sicheren Niederlage, wenn nicht sogar der völligen Auslöschung, bewahren. Wenn ihr dennoch darauf beharrt, gegen die Bleichgesichter auf den Kriegspfad zu ziehen, dann geht es mit Black Hawk wirklich zu Ende: Sein Schutzgeist hat sich im Alter offensichtlich von ihm abgewandt und hat zugelassen, dass der Stern seines Erfolges, der ihn auf dem Kriegspfad einst zu einer Vielzahl von triumphalen Siegen geführt hat, hinter einer Wolke verschwunden ist, um niemals wieder aufzugehen. Und wenn der Pauguk[90] kommt, wird der hochfliegende Geist Black Hawks seinen Körper verlassen und seine Irrfahrt zum Land der Träume beginnen, eine dunkle und krumme Straße entlang, ohne dass jemand ihn ehren, ihn beklagen oder ihn beweinen wird.

---

[90] Der Tod.

44. BLACK HAWK/MAKATAIMESHEKIA-KIAK I (SAUK), UM 1832

Textvorlage: Perry A. Armstrong The Sauks and the Black Hawk War. Springfield (Illinois) 1887, S.533

Hintergrund: Black Hawk wurde 1767 am Rock River geboren. Sein Vater fiel im Kampf gegen die Cherokee, und er folgte ihm als Häuptling, nachdem er selbst schon einige Kriegsverdienste erworben hatte. Im Englisch-Amerikanischen Krieg 1812–1814 kämpfte er als Anhänger Tecumsehs auf der englischen Seite. Bei den Engländern setzte er sich für eine menschliche Behandlung der gefangenen US-Amerikaner ein. Die unten stehende Rede richtete er an Elijah Kilbourne, einen Kundschafter der amerikanischen Armee, den er 1812 gefangen genommen, nach einem Fluchtversuch aber vor der Hinrichtung bewahrt hatte.

Über den englisch-amerikanischen Friedensschluss hinaus bekämpfte er die USA.

Einen Vertrag mit diesen, den er 1816 mit Keokuk unterzeichnete, erklärte er später, in seiner Tragweite nicht verstanden zu haben. Als jener 1820 aus dem Stammesgebiet abzog, blieb Black Hawk mit seinen Anhängern zunächst noch in dem Hauptort Saukenuk. Am meisten verbitterten ihn die Vertragsbrüche der US-Regierung amerikanischer Bürger. Black Hawks Dorf am Rock River brannten US-Truppen nieder, und sie verboten ihm, das Gebiet östlich des Mississippi zu betreten. Daraufhin erklärte er ihnen den Krieg, fand aber nur wenige Verbündete. Die Auseinandersetzung bestand daher nur aus Überfällen und verlustreichen, verlorenen Schlachten für Black Hawk. Er musste sich in Prairie du Chien ergeben, kam für einige Zeit in Gefangenschaft und – ließ einen französischen Dolmetscher seine Biografie aufschreiben.

Wieder frei, nahm er seinen Wohnsitz im Herrschaftsge-

biet Keokuks, dessen Delegation er 1837 nach Washington
begleiten durfte. Im folgenden Jahr starb er. Seine Gebeine
wurden gestohlen und verbrannten 1855 in einem Gebäude
der Burlington Geological and Historical Society.

Die Rede: Ich schicke dich zu deinem Anführer zurück,
obwohl ich dich ja eigentlich töten sollte; denn du bist
weggelaufen nach einer so langen Zeit, in der ich dich
wie meinen Sohn behandelt habe – aber Black Hawk
kann vergeben und vergessen. Wenn du zu deinem
Anführer zurückgehst, sollst du ihm alles sagen, was
ich dir jetzt sagen werde. Sage ihm, die Augen von
Black Hawk haben schon viele Sonnen gesehen, aber
sie werden nicht mehr viele sehen, und sein Rücken ist
nicht mehr aufgerichtet wie in seiner Jugend, sondern
beginnt im Alter, sich zu beugen. Der Große Geist flüs-
tert morgens und abends zwischen den Baumwipfeln,
er sagt, dass Black Hawks Tage gezählt sind und dass
das Land der Geister ihn ruft. Black Hawk ist schon
halb tot, sein Arm zittert und ist nicht mehr stark wie
früher, und seine Füße auf dem Kriegspfad sind langsam geworden. Sag ihm all das, und sag ihm auch, dass
Black Hawk ein Freund der Weißen gewesen wäre,
aber sie haben ihn nicht gelassen – der Tomahawk ist
von ihnen ausgegraben worden, nicht von den Indianern.

Sag deinem Anführer, dass Black Hawk, als er über
den Mississippi kam, den Bleichgesichtern nichts an-
tun wollte, sondern dass er friedlich kam, um Mais an-
zubauen für seine hungernden Frauen und Kinder,
und dass er auch da noch bereit war, wieder den Rückzug anzutreten, aber als er seine weiße Fahne übersen-
den ließ, wurden die Kämpfer, die sie überbrachten,
wie Squaws behandelt, und einer von ihnen ist grausam erschossen worden. Sag ihm auch, dass Black
Hawk sich rächen wird und mit der Rache nicht aufhö-
ren wird, bis der Große Geist zu ihm sagt: Komm mit.

45. Black Hawk II (Sauk), 27. August 1832

Textvorlage: Samuel G. Drake: Biography and History of the Indians of North America, from its first Discovery. Boston 111851, S. 657

Hintergrund: Als Black Hawk sich ergab (vgl. die Einleitung zur vorigen Rede), sprach er die unten stehenden Worte.

Die Rede: Ihr habt mich gefangen genommen mit all meinen Kriegern. Mein Schmerz ist groß, denn ich gedachte, wenn schon nicht euch zu besiegen, so doch viel länger euch standzuhalten und euch noch mehr Unannehmlichkeiten zu bereiten, bevor ich mich ergebe. Ich habe mit aller Kraft versucht, euch in einen Hinterhalt zu locken, doch euer jetziger General[91] weiß, wie Indianer kämpfen. Der erste war nicht so klug. Als ich sah, dass ich euch nicht auf Indianer-Art besiegen konnte, beschloss ich, euch frontal anzugreifen und von Angesicht zu Angesicht mit euch zu kämpfen. Ich kämpfte mit all meiner Kraft. Aber eure Gewehre zielten gut. Die Kugeln flogen wie Vögel durch die Luft und sausten an unseren Ohren vorbei, wie im Winter der Wind durch die Bäume saust. Meine Krieger fielen um mich herum zu Boden; die Aussichten verdüsterten sich vollständig. Ich sah, dass der Tag meines Verderbens gekommen war. Die Sonne war am Morgen trübe für uns aufgegangen, und abends sank sie hinter einer dunklen Wolke und sah aus wie ein Feuerball. Das war die letzte Sonne, die auf Black Hawk schien. Sein Herz ist tot und schlägt nicht länger lebhaft in seiner Brust. – Er ist nun ein Gefangener der Weißen; jetzt können sie mit ihm machen, was sie wollen. Aber er kann Qua-

---

[91] Henry Atkinson (1782–1842) war in der US-Army besonders in Indianerkriegen im Einsatz.

len ertragen und fürchtet den Tod nicht. Er ist kein Feigling. Black Hawk ist ein Indianer.

Er hat nichts getan, wofür ein Indianer sich schämen müsste. Er hat für seine Leute gekämpft, für die Frauen und die Kleinen, und gegen die Weißen, die Jahr für Jahr kamen, um die Indianer zu betrügen und ihnen ihr Land wegzunehmen. Ihr wisst, warum wir Krieg geführt haben. Der Grund dafür ist allen Weißen bekannt. Sie sollten sich dafür schämen. Die Weißen verachten die Indianer und vertreiben sie aus ihren Siedlungen. Aber die Indianer sind nicht falsch. Die Weißen sprechen schlecht über den Indianer, und sie betrachten ihn voller Hass. Aber der Indianer lügt nicht, und Indianer stehlen nicht.

Ein Indianer, der so schlecht wäre wie die Weißen, könnte in unserem Volk nicht leben; er würde getötet und den Wölfen zum Fraße vorgeworfen werden. Die Weißen sind schlechte Vorbilder. Ihre Mienen sind verlogen, genau wie ihre Taten. Sie lächeln dem armen Indianer ins Gesicht und betrügen ihn. Sie schütteln die Hände der Indianer, um sich in ihr Vertrauen zu schleichen, sie betrunken zu machen und sie dann hinters Licht zu führen, und sie verderben unsere Frauen. Wir sagten ihnen, sie sollten uns in Ruhe lassen und wegbleiben, aber sie blieben uns dicht auf den Fersen, sie blockierten unsere Pfade und sie nisteten sich bei uns ein wie die Schlangen. Sie vergifteten uns durch ihre Berührung. Wir waren nicht mehr sicher. Wir waren bedroht. Wir fingen an, wie sie zu werden, Heuchler und Lügner, Ehebrecher, faule Drohnen, untätige Maulhelden.

Wir schauten hinauf zum Großen Geist. Wir wandten uns an unseren großen Vater. Wir wurden ermutigt. Sein oberster Rat sagte uns schöne Worte und gab uns große Versprechungen; aber unsere berechtigten Ansprüche wurden nicht befriedigt. Alles wurde nur noch schlimmer. Es gab kein Wild mehr in den Wäldern. Das

Opossum und der Biber sind verschwunden, die Quellen vertrocknet, und unseren Frauen und Kindern fehlte die Nahrung, die sie vor dem Verhungern hätte bewahren können. Wir riefen einen großen Rat zusammen und entzündeten ein großes Feuer. Der Geist unserer Väter erhob sich und sprach zu uns, wir sollten die Missetaten rächen oder sterben. Wir sprachen alle vor diesem Ratsfeuer. Es war warm und schön. Wir ließen den Kriegsruf ertönen und gruben das Kriegsbeil aus; unsere Messer waren bereit, und Black Hawk schwoll das Herz in der Brust, als er seine Krieger in den Kampf führte. Er ist zufrieden. Er wird zufrieden in die Welt der Geister gehen. Er hat seine Pflicht getan. Sein Vater wird ihn dort erwarten und wird ihn loben.

Black Hawk ist ein echter Indianer und lehnt es ab, wie eine Frau zu weinen. Er hat Mitgefühl für seine Frau, seine Kinder und seine Freunde. Aber er sorgt sich nicht um sich selbst. Er sorgt sich um sein Volk und die Indianer. Sie werden leiden. Er betrauert ihr Schicksal. Die Weißen skalpieren nicht, aber sie machen Schlimmeres – sie vergiften das Herz, ihr Herz ist nicht rein. Seine Stammesbrüder werden nicht skalpiert, aber sie werden in ein paar Jahren sein wie die Weißen, sodass man ihnen nicht mehr trauen kann und in ihren Siedlungen, genau wie bei den Weißen, fast so viele Offiziere wie Einwohner nötig sein werden, um aufzupassen und Ordnung zu bewahren.

Leb wohl, mein Volk! Black Hawk hat versucht, dich zu retten und das dir zugefügte Unrecht zu rächen. Er hat das Blut von etlichen Weißen getrunken. Er wurde gefangen genommen, seine Pläne wurden durchkreuzt. Er kann nun nichts mehr tun. Sein Ende ist nahe. Seine Sonne geht unter und wird nicht mehr aufgehen. Lebe wohl, Black Hawk.

46. Black Hawk III (Sauk), 4. Juni 1833

Textvorlage: Samuel G. Drake: Biography and History of the Indians of North America, from its first Discovery. Boston 111851, S. 622

Hintergrund: Nach seiner Gefangennahme wurde Black Hawk von Präsident Jackson eine Begnadigung in Aussicht gestellt, wenn er Keokuk als Häuptling des Gesamtstammes der Sauk anerkenne. Dem Kommandeur von Fort Monroe, wo er zuletzt festgehalten worden war, sagte er die unten stehenden Worte.

Die Rede: Bruder, ich bin gekommen, da ich euch in meinem und meiner Gefährten Namen Lebewohl sagen möchte. Unser großer Vater war schließlich so freundlich und hat sich entschlossen, uns die Rückkehr in unsere Jagdgründe zu erlauben. Wir haben den Tomahawk begraben, und die Schüsse aus unseren Gewehren werden ab jetzt nur noch dem Rotwild und dem Büffel den Tod bringen. Bruder, ihr habt die roten Männer sehr freundlich behandelt. Eure Frauen machten ihnen Geschenke, und ihr habt ihnen reichlich zu essen und zu trinken gegeben. Die Erinnerung an eure Freundschaft wird in meinem Herzen wohnen, bis der Große Geist sagt, dass es Zeit für Black Hawk ist, sein Todeslied zu singen.

Bruder, eure Häuser sind so zahlreich wie die Blätter an den Bäumen und eure jungen Krieger so viele wie die Sandkörner am Ufer des großen Sees, der hier vor uns seine Wellen ans Land schickt. Der rote Mann hat nur wenige Häuser und wenige Krieger, doch der rote Mann hat ein Herz, das ebenso warm pocht wie das Herz seines weißen Bruders. Der große Geist hat uns unsere Jagdgründe gegeben, und die Haut des Hirsches, den wir jagen, mag er am liebsten, denn sie ist

weiß, und diese Farbe ist das Zeichen des Friedens.
Auch dieses Jagdgewand und diese Adlerfedern sind
weiß. Nimm es an, mein Bruder; ich habe das gleiche
auch an White Otter gegeben. Nimm es an als Andenken an Black Hawk. Wenn er weit weg ist, wird es euch
an ihn erinnern. Möge der Große Geist euch und eure
Kinder segnen – Lebe wohl.

47. Arapooish/Rotten Belly

(Crow), 1833

Textvorlage: Washington Irving: The Works [...] in Ten Volumes, Vol. X.: Adventures of Captain Bonneville. Conquest of Florida. London 1853, S. 118–119

Hintergrund: Die Crow bzw. Absarokee gehören zur Sioux-Sprachfamilie. Sie zogen im 18. Jahrhundert vom nördlichen Waldland in das Gebiet des Yellowstone River im südlichen Montana, wo sie sich mit den Kiowa und den Kiowa-Apachen verbündeten und gegen die Schoschonen kämpften. Diese drängten sie in die Rocky Mountains ab. Nach der Abwanderung der Kiowa und Kiowa-Apachen nach Süden (ab etwa 1770) verfügten sie alleine über das eroberte Gebiet.

Danach spaltete sich der Stamm auf, und einzelne Gruppen zogen ebenfalls weg. Die ersten Weißen, die den Absarokee begegneten, waren 1804 die Mitglieder der Lewis & Clark Expedition.

Im Fellhandel mit den nun immer zahlreicher werdenden Weißen waren sie meist klug genug, sich nicht durch Alkohol verderben oder sonst betrügen zu lassen. 1825 schlossen sie einen Freundschaftsvertrag mit dem US-General Henry Atkinson, den allerdings einige Gruppen boykottierten. Zu diesen gehörte auch Häuptling Arapooish (geb. 1790), der in der unten stehenden Rede dem Pelzhändler Robert Campbell von der Rocky Mountain Fur Company die Vorzüge seiner Heimat schildert.

Als er 1834 Fort McKenzie am Missouri River belagerte, wurde er von Blackfoot-Kriegern getötet, die seinen Stamm ebenso bekämpften, wie sie die Weißen vertreiben wollten.

Gemeinsam mit anderen Stämmen, darunter Lakota und Cheyenne schlossen die Absarokee mit den USA den Friedensvertrag von Fort Laramie, wurden aber 1859 von den genannten Stämmen angegriffen und wehrten sich. Der Streit mit anderen Indianern führte zu einer Annäherung an die Weißen, was jene Konflikte allerdings verschärfte. 1868 erhielten die USA 100000 km² Land von den Absarokee und verpflichteten sich im Gegenzug zur Einrichtung von Infrastruktur und Lieferung von Grundbedarf. Stammesmitglieder traten in die US-Army ein und kämpften gegen andere Ureinwohner, die sich noch gegen das Vordringen der Weißen wehrten. Dennoch wurde das Siedlungsgebiet der Absarokee weiter verkleinert.

Die Rede: Das Land der Crow ist ein gutes Land. Der Große Geist hat es genau an die richtige Stelle platziert. Wenn man in diesem Land ist, geht es einem gut, und immer, wenn man weggeht, egal wohin, geht es einem weniger gut.

Wenn man nach Süden geht, dann muss man über weite ausgedörrte Ebenen wandern, das Wasser ist warm und schlecht, und man bekommt Schüttelfrost und Fieber.

Richtung Norden ist es kalt, die Winter sind lang und hart, ohne Gras; man kann da keine Pferde halten, sondern muss sich von Hunden ziehen lassen. Was ist schon ein Land ohne Pferde?

Die Leute vom Columbia-Fluss sind arm und schmutzig, paddeln in ihren Kanus umher und essen Fisch. Ihre Zähne sind abgenutzt, und sie holen sich dauernd Gräten aus dem Mund. Fisch ist ein erbärmliches Essen.

Richtung Osten leben die Leute in Dörfern, sie leben gut, aber sie trinken das trübe Missouri-Wasser – das ist kein gutes Wasser. Bei den Crow würde nicht mal ein Hund dieses Wasser trinken.

Die Gegend, wo der Missouri sich gabelt, ist gutes Land: gutes Wasser, gutes Gras, viele Büffel. Im Sommer ist es fast so gut wie das Land der Crow, aber im

Winter ist es kalt, das Gras ist weg und es gibt auch kein Salzkraut[92] für die Pferde.

Das Land der Crow liegt genau am richtigen Platz. Es hat schneebedeckte Berge und sonnige Prärie, alle Arten von Klima und Gutes zu jeder Jahreszeit. Wenn die Sommerhitze die Prärie ausdörrt, kann man höher hinauf in die Berge ziehen, wo die Luft süß und kühl ist, das Gras frisch und klare Bächlein aus den Schneebänken sprudeln. Da kann man Elche jagen, Rotwild und Antilopen – genau dann, wenn ihre Haut am besten geeignet ist, Kleidung daraus zu machen. Da findet man weiße Bären[93] und Bergschafe jede Menge.

Im Herbst, wenn die Pferde gut genährt und kräftig von den Bergweiden kommen, kann man hinunter in die Prärie ziehen und Büffel jagen oder in den Bächen Biberfallen aufstellen. Und wenn der Winter kommt, findet man Schutz in den waldigen Niederungen entlang der Flüsse. Hier unten können sich die Menschen von Büffelfleisch und die Pferde von Pappelrinde ernähren. Oder man überwintert im Tal des Wind River, wo es Salzkraut in Hülle und Fülle gibt.

Das Land der Crow liegt genau an der richtigen Stelle. Alles, was gut ist, kann man hier finden: Kein Land ist so wie das Land der Crow.

---

[92] Vermutlich ein Kraut aus der Familie der Chenopodiaceae; es gibt auch in Europa eine Pflanze aus dieser Familie, die Salzkraut heißt: Salsola tragus, mit den Unterarten Kali-, Sand- und Ruthenisches Salzkraut. Möglicherweise ist aber auch ein Meldengewächs (Atriplex) gemeint.

[93] Sie leben zumindest heute weiter nördlich.

48. Osceola (Seminole), 23. Oktober 1834

Textvorlage: Woodburne Potter. The war in Florida. Being an Exposition of Its Causes. Baltimore 1836, S. 53–54

Hintergrund: Die Indianerstämme, die Florida im 16. Jahrhundert bei der Ankunft der Weißen bewohnten, darunter z.B. die Timucua (vgl. die Einleitung zur ersten Rede der vorliegenden Sammlung: Acuera), wurden durch Auseinandersetzungen mit den Spaniern sowie durch eingeschleppte Seuchen vernichtet oder zumindest stark dezimiert. Von den letzten Überlebenden verschleppten die Spanier, als im Frieden von Paris 1763 Florida an England und Kuba an Spanien fiel, viele nach Kuba. In das so entvölkerte nördliche Florida drangen gegen Ende des Jahrhunderts Creek-Indianer vor. Im Unabhängigkeitskrieg der USA fiel Florida vorübergehend aber noch einmal an Spanien.

Die Oconoe, eine Stammesgruppe der Creek, die in Georgia lebte und Myskoke sprach, wurde durch häufige Konflikte mit der wachsenden Zahl englischer Zuzügler in Florida zur Wanderung nach Süden gedrängt. Mitte des 18. Jahrhunderts ließen sie sich in der Alachua-Prärie im Norden Floridas nieder, wo sie auch einen Hauptort gleichen Namens mit 30 Häusern gründeten. In den folgenden Jahren wurden sie durch die Zuwanderung geflohener afrikastämmiger Sklaven, anderer Indianer und, nach dem Cree-Krieg 1813–1814, weiterer Cree und sogar einiger Europäer vergrößert. Sie gehörten zu den fünf Stämmen, die sich besonders stark der Lebensart der Europäer anpassten.

Die Aufnahme der ehemaligen Sklaven, die auch bei den Seminolen nur eine untergeordnete Rolle spielen durften, aber Heiratsrecht hatten und freier lebten als bei den Weißen, führte zu Konflikten mit Sklavenjägern. Im Bündnis mit Spanien griffen die Seminolen daher 1812 Siedlungen in Georgia an. Im weiteren Verlauf des Krieges wurde 1813 der Hauptort

Alachua zerstört. Auf diese gegenseitigen Angriffe folgten drei sogenannte Seminolenkriege; der erste 1814–1818 durch den Einmarsch des Generals Andrew Jackson, des späteren Präsidenten, nach Florida, der etliche Dörfer zerstörte und ehemalige Sklaven einfing. Bis 1827 waren die Seminolen von weißen Siedlern und der US-Regierung in ein Reservat im inneren Teil der Halbinsel Florida abgedrängt worden.

Nach der Unterzeichnung des *Indian Removal Act* durch Präsident Andrew Jackson 1830 mussten alle indianischen Stämme in das Gebiet östlich des Mississippi umziehen. Auch die Seminolen wurden gezwungen, 1832 in Payne's Landing, 1833 in Fort Gibson, entsprechende Verträge zu unterschreiben und in das Indianerterritorium gehen.

In dieser Zeit waren Micanopy (um 1780–1849) und Osceola (geb. 1804) Häuptlinge der Seminolen. Osceola war aufgrund seiner Verdienste in den Rang eines Häuptlings aufgestiegen. Seine zweite Frau, eine geflohene Sklavin, wurde 1830 von Sklavenjägern gefangen und entführt. Während einige Häuptlinge den oben genannten Vertrag unterschrieben, weigerten sich Micanopy und Osceola. Die Meinungsverschiedenheiten führten auch innerhalb des Stammes zu tödlichen Auseinandersetzungen.

Die Häuptlinge Micanopy und Osceola erkannten den Vertrag nicht an und verweigerten den Abzug. 1835 brach daher der Zweite Seminolenkrieg aus, den die Indianer als Guerillakrieg vor allem gegen die Küstenorte führten. In der unten stehenden Rede erläutert Osceola die Gründe seiner Ablehnung des Vertrages von Payne's Landing.

Nach anfänglichen Erfolgen der Seminolen trotz des Rückzuges Micanopys begab sich Osceola 1837 zu den US-Truppen, da er zu Friedensverhandlungen eingeladen war, wurde aber festgenommen und inhaftiert. Im folgenden Jahr starb er an einer Krankheit. Sein Kopf wurde in ein Medizinmuseum gebracht, wo er einem Brand zum Opfer fiel, der übrige Leichnam ruht unter einem Denkmal, das ihm in Fort Moultrie (South Carolina) errichtet wurde.

Da die US-Truppen allerdings mit konventioneller Kriegsführung nicht erfolgreich waren, gingen auch sie zur Zerstörung von Dörfern und Vernichtung von Lebensmittelvorräten über, was bis 1842 zur Beendigung der Kampfhandlungen führte.

In der Mitte des 19. Jahrhunderts wurde noch einmal versucht, die letzten Stammesmitglieder nach Westen zu zwingen. Im Dritten Seminolenkrieg ab 1855 wurde erneut eine größere Zahl von Seminolen ins Indianerterritorium vertrieben, doch gelang es einigen, sich in den Everglades im Süden von Florida zu halten.

Die Rede: Meine Brüder! Die Weißen brachten Häuptlinge von uns dazu, ein Papier zu unterzeichnen und ihnen damit unser Land zu geben. Aber unsere Häuptlinge handelten dort nicht so, wie wir es ihnen aufgetragen hatten. Sie haben Fehler gemacht, und wir müssen diese wieder gutmachen. Der Indianer-Beauftragte sagt uns, wir müssen aus dem Land, in dem wir leben, wegziehen – weg von unseren Wohnplätzen und den Gräbern unserer Väter – hinüber über den Fluss und bei den schlechten Indianern[94] leben. Wenn dieser Mann mir befiehlt, meine Heimat zu verlassen, dann hasse ich ihn; denn ich liebe meine Heimat, und ich will sie nicht verlassen.

Meine Brüder! Wenn der Große Geist mir sagt, dass ich mit dem weißen Mann gehen soll, gehe ich, aber der Große Geist sagt mir, ich soll nicht gehen. Der weiße Mann sagt, ich soll weggehen, und er wird Leute schicken, die mich schon dazu bringen werden, zu verschwinden. Aber ich habe ein Gewehr, und ich habe ein wenig Pulver und ein wenig Blei. Ich sage, wir müssen unsere Wohnplätze und unser Land nicht aufgeben. Wenn Leute von uns nach Westen ziehen wollen, werden wir sie nicht lassen. Ich werde ihnen sagen, dass sie unsere Feinde sind und wir sie auch so behandeln werden; denn der große Geist wird uns schützen.

---

[94] Bei denen, die ihre Heimat freiwillig verlassen hatten.

49. Unbekannte Frau (Blackfoot), 1835

Textvorlage: Washington Irving: The Works [...] in Ten Volumes, Vol. X.: Adventures of Captain Bonneville. Conquest of Florida. London 1853, S. 269–271

Hintergrund: Die Blackfoot nannten sich selbst Nitsitapi und lebten im Norden der USA und im Süden Kanadas (nordwestliche Plains und Rocky Mountains bis zum Yellowstone Park), wohin sie aus östlicheren, bewaldeten Gegenden gezogen waren. Sie gehören zur Algonkin-Sprachfamilie und waren nomadisierende Jäger und Sammler. Besonders wichtig war die Bisonjagd.

Den Weißen begegneten sie zuerst Mitte des 18. Jahrhunderts; der Pelzhandel mit den Engländern ab etwa 1780 vermehrte zunächst ihren Reichtum und damit Einfluss und Macht in der Region bis um 1900. Dann aber wurden sie zunehmend von aus dem Osten heranziehenden Stämmen bedrängt. Daneben musste der Stamm zwei schwere Epidemien überstehen und eine Grippe 1835, die den florierenden Pelzhandel fast zum Erliegen brachte.

Den unten stehenden Bericht gab eine namentlich nicht bekannte Frau dem französisch-amerikanischen Forschungsreisenden und Pelzhändler Benjamin Louis Bonneville (1796–1878), als er den Stamm der Blackfoot besuchte. Die Frau war Mitglied dieses Stammes und zuerst mit einem Stammesgenossen, dann mit einem weißen Trapper verheiratet.

1855 gestatteten die Blackfoot den Bau einer Eisenbahn durch ihr Territorium, in dem sie sich dafür das alleinige Jagdrecht sicherten und jährliche Zahlungen aus den USA erhielten. Durch den Zuzug weißer Siedler gezwungen, trat der Stamm zehn Jahre später einen Teil seines Landes ab, was sich in den folgenden Jahrzehnten noch mehrfach wiederholte. Überfälle von Blackfoot, die mit dem Rückzug nicht einverstanden waren, auf weiße Siedler vergalt die US-Army 1870 mit einem Massaker im Lager von Heavy Runner, in dem die Bewohner durch die Pockenkrankheit, aber auch, wie eine große Zahl der Blackfoot, durch Alkoholmissbrauch geschwächt war. 173 meist wehrlose Menschen wurden getötet. Die Vernichtung der Büffelherden im Jagdgebiet der Blackfoot trug außerdem zum Niedergang des Stammes bei. Ein Vertrag, den sie 1877 mit Kanada schlossen, der sogenannte Treaty No. 7, war nicht fairer als das, was die USA den Indianern aufzunötigen pflegten. Die Blackfoot lebten seitdem nicht mehr in einem zusammenhängenden Gebiet.

Die Rede: Ich war die Frau eines Kriegers der Blackfoot, und ich diente ihm treu. Welchem Mann wurde so treu gedient wie ihm? Wessen Zelt wurde so gut versorgt und so sauber gehalten? Morgens brachte ich Feuerholz und stellte Wasser bereit, sodass immer welches zur Hand war. Ich achtete darauf, dass er sein Fleisch gekocht und fertig zubereitet vorfand, wenn er zurückkam. Wenn er aufstand, um wegzugehen, gab es nichts, womit er sich aufhalten musste. Ich bemühte mich, jeden Gedanken zu erkennen, der in seinem Herzen wohnte, um ihm die Mühe des Sprechens zu ersparen. Wenn ich umherging, um etwas für ihn zu besorgen, lächelten mir die Häuptlinge und die Krieger zu, und die jungen Kämpfer sagten mir heimlich süße Dinge, aber meine Füße gingen den geraden Weg und meine Augen sahen nur ihn.

Wenn er zur Jagd ging oder in den Krieg zog, wer half ihm beim Zusammenstellen seiner Ausrüstung, wenn nicht ich? Wenn er zurückkam, ging ich ihm entgegen und nahm ihm sein Gewehr ab, und er trat ein, ohne sich um irgendetwas kümmern zu müssen. Während er saß und rauchte, entlud ich seine Pferde, band sie an den Zaun, und kaum hatte ich die Lasten hereingetragen, kümmerte ich mich auch schon um seine Füße: Wenn seine Mokassins nass waren, zog ich sie ihm aus und zog ihm andere an, die warm und trocken waren. Ich bearbeitete all die Tierhäute, die er von der Jagd mitgebracht hatte. Nie gab ich ihm jemals den geringsten Anlass, dass er zu mir hätte sagen können: »Warum ist dieses noch nicht fertig, warum ist jenes noch nicht fertig?« Er jagte Rotwild, Antilopen, Büffel, und er zog gegen Feinde. Alles andere machte ich. Wenn unser Lager an einen anderen Platz verlegt wurde, stieg er auf sein Pferd und ritt los, frei, wie frisch vom Himmel gefallen. Mit der Arbeit im Lager hatte er nichts zu tun. Ich war es, die die Pferde belud und sie während unseres Trecks führte. Wenn wir am Abend haltmachten und er mit den anderen Kämpfern zusammensaß und rauchte, war ich es, die sein Tipi aufbaute, und wenn er zum Essen und zum Schlafen kam, war sein Abendessen fertig, und sein Bett war bereitet.

Ich diente ihm getreulich, und was war mein Lohn? Über seinen Brauen lag immer eine dunkle Wolke, und von seiner Zunge zuckten scharfe Blitze. Ich war sein Hund, nicht seine Frau.

Wer war es, der mir Blutergüsse und Narben zufügte? Das war er. Mein Bruder sah, wie ich behandelt wurde. Sein Herz quoll über vor Mitleid mit mir. Er flehte mich an, meinen Tyrannen zu verlassen und zu fliehen. Aber wohin konnte ich gehen? Und wenn ich gefunden würde, wer würde mich vor ihm beschützen? Mein Bruder war kein Häuptling, er konnte mich nicht vor Schlägen und Verletzungen oder gar vor dem Tode schützen. Schließlich hatte mein Bruder mich überredet. Ich folgte ihm aus dem Dorf hinaus. Er zeigte mir, in welcher Richtung die Nez Percés[95] lebten und sagte, ich solle dorthin reiten, um bei ihnen in Frieden

---

[95] Nez Percé war der französische Name eines Stammes, der sich selbst Cuupn'itpel'uu oder Tsoop-Nit-Pa-Loo nannten. Sie wohnten in der Gegend des heutigen Idaho, Montana, Oregon und Washington. Ihre Dörfer leitete oft ein Häuptling, der von einem jüngeren Stammesmitglied unterstützt wurde.

zu leben. Wir verabschiedeten uns voneinander. Am dritten Tag sah ich die Zelte der Nez Percés vor mir. Ich hielt einen Augenblick lang inne und hatte nicht den Mut, weiter zu gehen; aber mein Pferd wieherte, das nahm ich als gutes Zeichen und galoppierte vorwärts. Nach kurzer Zeit war ich mitten zwischen ihren Zelten angekommen. Während ich schweigend auf meinem Pferd saß, versammelten sich die Menschen um mich herum und fragten, woher ich käme. Ich erzählte meine Geschichte. Dann zog ein Häuptling seinen Überwurf enger um sich und hieß mich absteigen. Ich gehorchte. Er nahm mein Pferd und führte es weg. Das Herz zog sich mir in der Brust zusammen. Ich fühlte mich, als ob mit meinem Pferd mein letzter Freund von mir gegangen sei. Mir versagte die Stimme und in meinen Augen versiegten die Tränen. Als der Häuptling mein Pferd wegführte, trat ein junger Kämpfer auf ihn zu: »Du willst Häuptling dieser Leute sein?«, rief er. »Auf dich sollen wir in der Ratsversammlung hören und dir im Kampf folgen? Das ist ja unerhört! Ein Fremdling flieht von den Blackfeet, diesen Hunden, in unser Lager und bittet uns um Hilfe. Schämst du dich nicht? Der Fremdling ist eine Frau und allein. Wäre sie ein Krieger oder hätte sie einen Krieger an ihrer Seite, dann hättest du sicher nicht das Herz, ihr das Pferd wegzunehmen. Aber der Gaul sei dein. Nach dem Kriegsrecht magst du ihn beanspruchen, aber, Achtung, …« – und er spannte seinen Bogen und legte einen Pfeil darauf – »niemals wirst du auf seinem Rücken sitzen!« Der Pfeil durchbohrte das Herz des Pferdes, und es fiel tot um.

Eine alte Frau sagte, sie wolle meine Mutter sein. Sie führte mich in ihr Zelt: Mein Herz schmolz ob ihrer Freundlichkeit, und aus meinen Augen schossen die Tränen wie aus einem gefrorenen Springquell im Frühling. Und wie auch die Tage vergingen, sie wurde nie anderen Sinnes, sondern blieb mir eine Mutter. Die

Leute waren voll des Lobes für den jungen Kämpfer, und der Häuptling war beschämt. Ich aber lebte in Frieden.

Eine Gruppe von Trappern kam in das Dorf, und einer von ihnen nahm mich zu seiner Frau. Dies ist er. Ich bin sehr glücklich; er ist freundlich zu mir, und ich habe ihn die Sprache meines Volkes gelehrt. Als wir hierher reisten, haben uns ein paar Blackfoot Krieger überfallen und unserer Gruppe die Pferde weggenommen. Wir folgten ihnen, und mein Mann verhandelte mit ihnen. Die Gewehre wurden zur Seite gelegt, die Pfeife war schon angezündet; doch ein paar weiße Männer aus der Gruppe versuchten, die Pferde mit Gewalt wiederzubekommen, da kam es zu einem Kampf. Auf dem Boden lag eine dicke Schneedecke, und die Weißen sanken bei jedem Schritt tief in sie ein, die roten Männer hingegen überquerten den Schnee mit ihren Schneeschuhen wie Vögel und trieben viele Pferde vor den Augen ihrer Besitzer weg. Mit den restlichen Tieren setzten wir unsere Reise fort. Dann kam es zu einer Auseinandersetzung zwischen dem Anführer der Gruppe und meinem Mann. Er nahm uns die Pferde weg, die uns nach dem Kampf noch geblieben waren, und wies uns aus dem Lager. Mein Mann hatte einen guten Freund unter den Trappern. Das ist er [sie zeigte auf den Mann, der um Hilfe für die Gruppe gebeten hatte]. Er ist ein guter Mann. Er hat ein großes Herz. Als er von der Jagd zurückgekehrt war und sah, dass wir weggetrieben worden waren, verzichtete er auf seinen ganzen Lohn und ging mit uns, um bei dem weißen Captain ein gutes Wort für uns einzulegen.

50. The Four Bears/Mato Tope
(Mandan), 30. Juli 1837

Textvorlage: Für die Überlassung des englischen Textes ergeht Dank an Crystal Pound von der North Dakota Studies Website ND-Studies.org 14. Januar 2012.

Hintergrund: Die Mandan gehören zur Sioux-Sprachfamilie. Vom Ohio River waren sie an den Missouri, den Heart und den Knife River gezogen. 1738 wurden sie erstmals in der Neuzeit von Weißen, nämlich französischen Kaufleuten, besucht, mit denen sie eine rege Handelstätigkeit aufnahmen. Da unter den Mandan die Nachkommen von Wikingern oder walisischen Einwanderern aus dem 12. Jahrhundert vermutet wurden, gerieten sie in das Blickfeld vieler Erforscher der indianischen Kultur. Von 1750 bis 1800 wurde die Mandanbevölkerung durch Krankheiten von neun auf zwei Dörfer reduziert.

Einer der bedeutendsten Mandan-Häuptlinge war Matotope (The Four Bears), der 1795 geboren wurde und mit den Forschern George Catlin und Karl Bodmer befreundet war. Als er 1837 aufgrund seiner Verdienste in Cheyenne-Kriegen zum Häuptling gewählt wurde, war in seinem Stamm erneut eine schwere Pockenepidemie ausgebrochen, der er nach seiner Frau und seinen Kindern schließlich selbst zum Opfer fiel. Dem Bericht François A. Chardons zufolge, der während seines Aufenthalts bei den Mandan und Gros Ventre Tagebuch führte, hielt er am Tag seines Todes die unten stehende Rede über die Verluste seines Stammes, die seine berechtigte Verbitterung zum Ausdruck bringt. Die weniger als 200 überlebenden Mandan (von vermuteten 1600) gingen mit der Zeit in anderen Stämmen auf oder vermischten sich mit Weißen. Die wenigen Hundert Nachkommen des Stammes leben zum Teil in Reservaten.

Die Rede: Oh ihr meine Freunde, hört, was ich zu sagen habe! Seit ich denken kann, war ich den Weißen zugetan. Seit meiner Kinderzeit hatte ich mit ihnen Umgang, und mit bestem Wissen und Gewissen kann ich sagen, dass ich nie einem Weißen ein Unrecht zugefügt habe, im Gegenteil: Ich habe sie immer vor den Angriffen anderer beschützt, das ist unbestritten. The Four Bears hat nie einen Weißen hungern lassen, sondern ihm zu essen und zu trinken gegeben und, wenn erforderlich, eine Büffelhaut zum Schlafen. Ich war bereit, nötigenfalls für sie zu sterben, was ebenfalls unbestritten ist. Ich habe alles für sie getan, was eine Rothaut nur für sie tun konnte – und wie haben sie es mir gelohnt? So sieht also ihr Dank aus! Niemals zuvor habe ich einen weißen Mann als Hund bezeichnet, heute jedoch sage ich, sie sind samt und sonders ein Pack von Hunden, und ihre Herzen sind schwärzer als schwarz. Sie haben mich so betrogen. Die ich immer als meine Brüder bezeichnet habe, haben sich als meine schlimmsten Feinde entpuppt. Ich habe an vielen Kämpfen teilgenommen, und ich bin oft verwundet worden, doch jene Wunden trug ich mit Stolz. Heute aber bin ich zu Tode verwundet und von wem? Von den weißen Hunden, denselben, die ich immer als Brüder betrachtet und behandelt habe. Ich fürchte den Tod nicht, meine Freunde, das wisst ihr, wohl aber fürchte ich mich davor, mit verfaultem Gesicht zu sterben, sodass sogar die Wölfe zu Tode erschrecken, wenn sie mich sehen, und zueinander sagen: Das ist The Four Bears, der Freund der Weißen.

Hört gut zu, was ich zu sagen habe; denn es wird das letzte Mal sein, dass ihr mich hören werdet. Denkt daran – eure Frauen, Kinder, Brüder, Schwestern, Freunde und alle, die euch lieb und wert sind oder waren – sie alle sind bereits tot oder sie sterben mit ganz verrotteten Gesichtern, und schuld sind die weißen Hunde! Denkt daran, denkt an all das, meine Freunde, und erhebt Euch und lasst nicht einen Weißen am Leben. The Four Bears wird seinen Teil dazutun.

51. Si'ahl (Duwamish), um 1854

Textvorlage: Die Fassung des Sunday Star vom 29. Oktober 1887 wurde rekonstruiert durch den Vergleich folgender Abschriften: Frederic James Grant: History of Seattle, Washington. New York 1891, S. 434–436; Arrowsmith, William/Korth, Michael: Der Große Geist spricht. Düsseldorf 2004, S. 8–40; Nancy Zussy: [Versionen der Rede Seattles vom Januar 1854, Version 1] auf der Seite der Washington State Library http://www.synaptic.bc.ca/ejournal/SeattleSpeechVersion1.htm (Abruf am 12. Dezember 2011)

Hintergrund: Schon die ältesten nachweisbaren Wohnsitze der Duwamish lagen im Westen des heutigen Bundesstaates Washington. Ihre Zentren befanden sich am Washington Lake und am Duwamish River. Sie gehören zur Salish-Sprachfamilie.

Noch bevor der Stamm unmittelbar mit Weißen in Kontakt geriet, war er von der durch den Pelzhandel verursachten Machtverschiebungen im Westen der USA betroffen. Dennoch wurden die Weißen von den Duwamish freundlich aufgenommen, deren Häuptling Si'ahl eine Politik der behutsamen Anpassung verfolgte. Dazu trug auch seine persönliche Freundschaft mit dem Händler David Swinson Maynard bei, der der von ihm gegründeten Stadt Seattle 1852 den Namen des Häuptlings (in der englischen Version) verlieh. Der Häuptling war um 1788 auf Blake Island als Enkel (mütterlicherseits) eines Duwamish-Häuptlings und Sohn des Suquamish-Häuptlings Shweabe. Wie vor ihm sein Vater, bemühte er sich um eine organisatorische Einheit seines Stammes. Schon bevor er Häuptling wurde, hatte er kriegerische Erfolge gegen Nachbarstämme aufzuweisen. Den Weißen gegenüber war er sehr aufgeschlossen, ließ sich 1838 katholisch taufen und verbreitete danach selbst den christlichen Glauben unter seinen Stammesgenossen. Er hatte – nacheinander – zwei Ehefrauen und mit ihnen mehrere Kinder.

Als das Stammesgebiet der Duwamish an die USA fiel und der Gouverneur von Washington Isaac Ingalls Stevens 1854 sein Amt antrat, schloss er im folgenden Jahr mit den Stämmen der Region einen Vertrag, der den Indianern für die Abtretung von Land Nutzungsrechte und Reservate zusicherte. Vor dem Vertrag von 1855 kam es zu Verhandlungen zwischen Gouverneur Stevens und Häuptling Si'ahl, in deren Verlauf Letzterer eine Rede gehalten haben soll, die von allen Reden der amerikanischen Ureinwohner die größte Wirkung in Europa entfaltete.

Während sich Si'ahl nach dem Abschluss des Vertrages mit seinen Leuten in das Reservat Port Madison begab, wurde der Vertrag vonseiten der USA nicht eingehalten. Vielmehr wurden die Duwamish in verschiedene Reservate verteilt, die letzten 1865 mit Gewalt vertrieben. Die im Vertrag festgeschriebenen Fischereirechte wurden ihnen bis heute nicht zugesprochen. Si'ahl starb 1866 im Reservat.

Seine Rede wurde nicht wirklich mitgeschrieben oder stenografiert, der Gouverneur hat sie sogar im Verhandlungsprotokoll gar nicht erwähnt. Daher war sie nicht bekannt, bis sie 1887 von einem Ohrenzeugen, dem Arzt, Dichter und Parlamentsabgeordneter Dr. Henry A. Smith (1830–1915) erstmals aufgrund einiger Stichworte und aus dem Gedächtnis aufgeschrieben und am 29. Oktober in der Zeitung *Seattle Sunday Star* abgedruckt wurde. Der Text, von dem schon Smith erklärte, dass er aufgrund seiner damaligen Notizen nur ungefähr die Gedanken der Rede wiedergibt, weist einige Punkte auf, die so von Si'ahl 1854 nicht geäußert worden sein können. Problematisch ist die Fassung auch, da Smith wohl nur die Teile der Rede verstanden haben kann, die über zwei Dolmetscher nacheinander zunächst in die indianische Chinook-Sprache und dann ins Englische gebracht wurden. Möglicherweise ist die Rede auch gänzlich das Produkt des Journalisten Smith.

Der Altphilologe Prof. William Arrowsmith, dem Parallelen zu antiken Texten auffielen, die durchaus auf den bewussten oder unbewussten Einfluss des gebildeten Henry Smith zurückgehen konnten, legte in den 1960er-Jahren eine nach den Gesetzen der Textkritik und Texterstellung um diesen Einfluss und den schwülstigen viktorianischen Stil bereinigte, inhaltlich aber nicht veränderte Version der Rede vor, die dem vermutlichen Original näher kommen sollte. Verbreitung und Wirkung erlangte in Europa allerdings die Fassung, die 1972 für einen Film über Ökologie mit dem Titel »Home« hergestellt wurde. Sie dürfte mit dem historischen Original am wenigsten Ähnlichkeit aufweisen.

Unten wiedergegeben ist die Übersetzung der ältesten gedruckten Fassung, die den Ausgangspunkt jeder kritischen Beschäftigung mit der Rede bilden muss. Angesichts ihrer Wirkung ist sie trotz aller Bedenken, dass sie vielleicht nicht einmal einen echten Kern besitzen könnte, in diese Sammlung aufgenommen worden.

Die Rede: Der Himmel dort oben hat Tränen des Mitleids über mein Volk geweint, Jahrhunderte lang. Er erscheint uns als etwas Ewiges und ist doch veränderlich. Heute noch freundlich, kann er morgen schon von Wolken verhangen sein. Meine Worte jedoch sind unveränderlich wie die Sterne. Was Seattle auch sagt, der große Häuptling in Washington kann sich darauf verlassen mit der nämlichen Gewissheit, mit der er sich auf die Wiederkehr der Sonne und der Jahreszeiten verlassen kann.

Der weiße Häuptling sagt, dass der Große Häuptling in Washington uns Grüße sendet und uns seiner Freundschaft und seines Wohlwollens versichert. Das ist sehr freundlich von ihm, denn wir wissen wohl: er ist nicht darauf angewiesen, dass wir seine Freundschaft erwidern. Denn sein Volk ist groß. Es ist wie das Gras, das in dichter Fülle die weiten Ebenen bedeckt. Mein Volk besteht nur noch aus wenigen Menschen. Sie gleichen Bäumen auf der Prärie, einzeln stehend und in alle Winde verstreut.

Der Große – und ich nehme an, auch gute – Weiße

Häuptling schreibt uns, dass er unser Land kaufen möchte, aber bereit ist, uns noch so viel davon übrig zu lassen, dass wir gut darauf leben können. Das erscheint fair, ja großzügig; denn der rote Mann hat keine Rechte mehr, die der Weiße Häuptling zu respektieren gezwungen wäre. Zudem mag das Angebot auch vernünftig sein, da wir Land in der bisherigen Größe gar nicht mehr brauchen.

Es gab eine Zeit, da bedeckte unser Volk das Land wie die Wellen des windbewegten Ozeans den muschelübersäten Meeresboden bedecken, aber diese Zeit ist längst vergangen und mit ihr die Herrlichkeit der ehemals stattlichen Stämme, die heute nur noch in unserer wehmütigen Erinnerung leben. Doch im Augenblick möchte ich mich mit unserem vorzeitigen Niedergang weder länger befassen noch über ihn klagen, auch will ich jetzt meinen weißen Brüdern nicht vorwerfen, dass sie ihn beschleunigt haben, zumal auch wir selbst in mancher Hinsicht nicht ganz unschuldig am Gang der Dinge sind.

Die Jugend ist stürmisch. Wenn unsere jungen Männer sich über ein wirkliches, manches Mal vielleicht auch nur eingebildetes, Unrecht erzürnen und ihre Gesichter schwarz bemalen, so heißt das, dass zugleich auch ihre Herzen schwarz sind und sie grausam und gnadenlos sein können. Unsere alten Männer und alten Frauen sind dann nicht mehr in der Lage, sie in Schranken zu halten. So ist es immer gewesen. So war es auch, als der weiße Mann begann, unsere Vorväter immer weiter nach Westen zu treiben. Doch lasst uns hoffen, dass die Feindseligkeiten zwischen uns nie wieder aufflammen. In dem Fall nämlich wären wir diejenigen, die alles zu verlieren und nichts zu gewinnen hätten. Die jungen Männer betrachten es als Erfolg, wenn sie sich gerächt haben, und sei es um den Preis des eigenen Lebens, aber die alten Männer, die nicht an den Kämpfen teilnehmen, sondern zu Hause bleiben, und die

Mütter, die Söhne zu verlieren haben, wissen es besser.

Unser guter Vater in Washington – denn ich nehme an, er ist jetzt, da King George seine Grenzen weiter nach Norden verlegt hat, unser Vater genauso wie eurer – unser großer und guter Vater, so sage ich also, schreibt uns, dass er uns beschützen wird, wenn wir seinem Wunsch nach Übereignung unseres Landes an ihn entsprechen. Seine tapferen Krieger werden dann eine waffenstarrende Verteidigungsmauer für uns sein, und seine vielen großen Kriegsschiffe werden in unseren Häfen liegen und unsere alten Feinde im Norden – die Haida und die Tsimshian[96] – davon abhalten, unsere Frauen, Kinder und alten Männer zu ängstigen. Dann wird der Große Vater in der Tat unser Vater sein und wir seine Kinder.

Aber ist es denn überhaupt denkbar, dass euer Vater auch unser Vater ist? Denn euer Gott ist nicht unser Gott! Euer Gott liebt euer Volk und hasst das meine. Um das Bleichgesicht legt er schützend seine starken Arme und nimmt es bei der Hand wie ein Vater seinen kleinen Sohn. Seine roten Kinder jedoch hat er vergessen – so sie denn überhaupt seine Kinder sind. Auch unser Gott, der Große Geist, scheint uns vergessen zu haben. Euer Gott lässt euer Volk jeden Tag stärker werden. Bald wird es sich über das ganze Land ausgebreitet haben. Unser Volk dagegen schwindet wie das Wasser bei Ebbe, wenn es sich schnell zurückzieht, und es droht, nie wiederzukommen. Der Gott der Weißen kann unsere Leute nicht lieben, er würde sie sonst beschützen. Sie scheinen Waisen zu sein, die sich an niemanden wenden können, um Hilfe zu bekommen. Wie können wir da Brüder sein? Wie kann euer Gott unser Gott werden und bewirken, dass es uns wieder besser ginge und dass wir langsam wieder davon träumen

---

[96] Zwei Stämme im Westen Kanadas.

könnten, noch einmal ein mächtiges Volk zu werden? Falls wir einen gemeinsamen Himmlischen Vater haben, muss dieser wohl eine Vorliebe für seine bleichgesichtigen Kinder haben, denn nur zu ihnen ist er gekommen. Wir hingegen haben ihn nie gesehen. Euch gab er Gesetze, aber kein Wort hatte er übrig für uns, seine roten Kinder, uns, die wir in großen Scharen einst diesen weiten Kontinent gefüllt haben wie die Sterne das Firmament. Nein! Wir sind nun einmal zwei verschiedene Rassen mit unterschiedlicher Herkunft und unterschiedlichem Schicksal. Und in vielen unserer Anschauungen herrschen große Gegensätze:

Uns ist die Asche unserer Vorfahren heilig, und ihre Ruhestätten sind uns heiliger Boden. Ihr dagegen zieht weit weg von den Gräbern eurer Vorfahren, ohne dass euch dies etwas auszumachen scheint. Eure Religion hat euer Gott mit eisernem Finger auf Steintafeln geschrieben, damit ihr sie nicht vergesst. Der rote Mann hat diese Religion weder je verstehen noch im Gedächtnis behalten können. Unsere Religion sind die Traditionen unserer Vorfahren, die Träume unserer alten Männer, die ihnen der Große Geist in den stillen Stunden der Nacht eingegeben hat, und die Visionen unserer Sachems, und sie wurde in die Herzen unserer Menschen geschrieben.

Eure Toten hören auf, euch und das Land ihrer Geburt zu lieben, sobald sie das Tor des Todes durchschritten haben und in das Land jenseits der Sterne gegangen sind. Sie sind bald vergessen, und sie kehren nie mehr zurück. Doch unsere Toten verlieren die schöne Welt, die ihnen das Leben geschenkt hat, niemals aus ihrem Gedächtnis. Sie lieben sie weiterhin, die grünen Täler, die murmelnden Flüsse, die erhabenen Berge, die einsamen Schluchten und die grünumrandeten Seen und Buchten, und sie hören nicht auf, sich in liebender, zärtlicher Zuneigung nach den Lebenden zu sehnen, die sie mit einsamen Herzen zurückgelassen haben, und sie kehren oft zurück aus den glücklichen Jagdgründen, um die Lebenden zu besuchen, sie zu trösten und aufzumuntern und ihnen im Leben weiterzuhelfen.

Der Tag und die Nacht können nicht beieinander wohnen. Der rote Mann ist immer zurückgewichen vor dem Ansturm des weißen Mannes, wie der Morgennebel zurückweicht vor der aufgehenden Sonne. Doch euer Vorschlag scheint fair zu sein, und ich denke, mein Volk wird ihn akzeptieren und in das Reservat ziehen, das ihr ihm zur Verfügung stellen wollt. Dann werden wir getrennt voneinander und in Frieden leben. Die Worte des Großen Weißen Häuptlings scheinen Worte der Natur zu sein, die zu meinem Volk spricht in einem Augenblick, in dem es von tiefer Dunkelheit umfangen ist.

Es ist nicht wichtig, wo wir unsere restlichen Tage verbringen. Es werden nicht mehr viele sein. Die Nacht der Indianer wird dunkel werden. Kein einziger Stern der Hoffnung zeigt sich am Horizont, und die Stimme des Windes klagt in der Ferne. Ein grimmiges Schicksal scheint den roten Mann zu verfolgen, und wohin er auch geht, immer wird er die sich nähernden Schritte seines mitleidslosen Mörders hören und sich auf sein Ende vorbereiten wie die verwundete Ricke, wenn sie hört, dass der Jäger sich nähert.

Wenige Monde noch, wenige Winter, und nicht einer der Nachkommen der mächtigen Scharen, die früher, vom Großen Geist beschützt, durch dieses weite Land gezogen sind oder in einem glücklichen Zuhause gelebt haben, wird übrig bleiben, um über den Gräbern eines Volkes zu trauern, das einmal mächtiger und stärker war als das eure.

Aber warum beklage ich eigentlich den vorzeitigen Untergang meines Volkes? Stamm folgt auf Stamm und Nation auf Nation, wie die Wellen des Meeres einander folgen. So ist die Ordnung der Natur, und jedes Bedauern ist sinnlos. Die Zeit eures Verfalls mag jetzt noch fern sein, aber auch sie wird kommen; denn der weiße Mann, dessen Gott mit ihm umging und mit ihm sprach wie ein Freund mit dem anderen, ist nicht ausgenommen vom allgemeinen Schicksal. Vielleicht sind wir schließlich doch Brüder. Wir werden sehen.

Wir werden euren Vorschlag überdenken, und wenn wir uns entschieden haben, werden wir es euch wissen lassen. Aber sollten wir zustimmen, dann mache ich bereits hier und jetzt zur Bedingung, dass uns das Recht, zu jeder Zeit ungehindert die Gräber unserer Vorfahren, Freunde und Kinder besuchen dürfen, nicht verwehrt werden darf. Jeder Teil dieser Erde ist meinem Volk heilig. Jedem Hügel, jedem Tal, jedem Feld, jedem Wald wurde durch ein glückliches oder trauriges Ereignis in lang vergangenen Zeiten eine besondere Bedeutung verliehen. Sogar die Felsen, die scheinbar stumm und tot in der Sonnenglut am Ufer liegen, sind durchdrungen von Erinnerungen an bewegende Geschehnisse, die mit dem Leben meines Volkes verbunden sind. Und selbst der Staub, auf dem ihr steht, erwidert unsere Schritte liebevoller als die euren, denn er ist erfüllt vom Blut unserer Vorfahren, und unsere bloßen Füße wissen um die wohlwollende Berührung ihrer Ahnen. Unsere verstorbenen Kämpfer, die liebevollen Mütter, die glücklichen, fröhlichen Mädchen und sogar die kleinen Kinder, die hier lebten und sich eine kurze Weile des Lebens erfreuten, lieben diese einsamen Landstriche und kehren abends als Schattengeister dorthin zurück. Und wenn der letzte rote Mann untergegangen und die Erinnerung an meinen Stamm bei den Weißen zu einem Mythos verblasst ist, wird diese Gegend erfüllt sein von den unsichtbaren Toten meines Stammes. Und wenn die Kinder eurer Kinder sich allein auf dem Feld wähnen, allein im Laden, auf der Straße oder im Dunkel der weglosen Wälder, so werden sie doch nie allein sein. Auf der ganzen Erde gibt es keinen einzigen Ort, an dem man allein sein kann. Nachts, wenn die Straßen eurer Städte und Dörfer still daliegen und ihr denkt, sie seien leer, werden sie doch erfüllt sein von den zurückkehrenden Schatten der Menschen, die einst hier gelebt haben und die dieses schöne Land immer noch lieben. Der weiße Mann wird nie allein sein.

Möge er gerecht sein und freundlich mit meinem Volk umgehen, denn die Toten sind nicht ohne Macht.

52. Goyathlay/Geronimo
(Chiricahua Apache), um 1859

Textvorlage: Stephen Melvil Barrett: Geronymo's Story of His Life. New York 1906, S. 47–48

Hintergrund: Während der Name Apachen (dt.: Feind) eine Fremdbezeichnung ist, nennt sich der Stamm selbst, der den Südwesten der heutigen USA besiedelte, N'de. Seine Sprache gehört zur Na-Dené-Familie. In die Gebiete, in denen sie von Weißen angetroffen wurden, waren die N'de vermutlich im 15. Jahrhundert von Norden her eingewandert. Danach wurden sie allerdings ihrerseits von den Comanchen und deren indianischen wie spanischen Verbündeten zurückgedrängt. Nach heftigen Kämpfen mussten sich 1790 etwa 400 Chiricahua-Apachen der Koalition ihrer Gegner ergeben und wurden in einer Sicherheitszone des mit den Spaniern verbündeten Opata-Stammes angesiedelt und sogar gezwungen, gegen ihre eigenen Stammesgenossen zu kämpfen. An die folgenden Friedensverträge, die bestimmten, dass die N'de Bauern werden, aber auch Lebensmittellieferungen erhalten sollten, hielten sich lange Zeit alle Beteiligten, sodass für eine Generation lang tatsächlich Frieden eintrat, der erst durch den Mexikanischen Unabhängigkeitskrieg 1820–1822 beendet wurde. Ausbleibende Lieferungen veranlassten die Apachen, wieder zu jagen und fremde Dörfer zu überfallen. Auch die Comanchen unternahmen jetzt Raubzüge in fremdes Gebiet. In Mexiko, wo man der Missstände nicht Herr wurde, führten einzelne Bundesstaaten Kopfgeld auf die Indianer ein, die man aber auch mit Verträgen und Angeboten zu befrieden suchte, denn die Schäden an Menschen und Vermögen waren erheblich.

Eine Untergruppe der Apachen waren die Bedonkohe, die östlichen Chiricahua, zu denen Goyathlay/Geronimo gehörte. Sie bewohnten die Grenzzone von Arizona und Neu Mexiko. Goyathlay wurde 1829 geboren. 1858 wurden bei Casa Grande seine Adoptivmutter, seine Frau und drei Kinder von mexikanischen Truppen ermordet. Im folgenden Jahr unternahmen daher einige Häuptlinge im Bündnis mit anderen N'de-Gruppen einen Feldzug nach Mexiko und in den 1860er-Jahren mehrere weitere. Aus der Ratsversammlung, in der über den Rachefeldzug beschlossen wurde, stammt die unten stehende Rede.

Die nördlichen Teile des umkämpften Gebietes übernahmen 1848 nach ihrem Sieg über Mexiko die USA, die sich von nun an mit den N'de auseinanderzusetzen hatten. Erst am Ende des 19. Jahrhunderts gelang es den USA nach kostspieligen und verlustreichen Kriegen, die letzten N'de in Reservate zu verbannen. Kleinere Überfälle gingen noch bis etwa 1930 von diesen aus.

Goyathlay selbst musste 1876 in das in der Wüste gelegene San-Carlos-Reservat ziehen, in dem viele N'de an Unterernährung starben. Mit einigen Landsleuten brach er aus dem Reservat aus und zog in die mexikanische Sierra Madre. Wieder gefangen, wiederholte der Häuptling den Ausbruch mehrmals. Die Chiricahua überfielen Dörfer, um sich Nahrungsmittel und Pferde zu verschaffen. 1882 allerdings geriet Goyathlay mit einer Gruppe, unter denen sich auch zwangsweise von ihm angeheuerte Kämpfer und Begleiter befanden, in einen Hinterhalt mexikanischer Truppen, in dem fast hundert N'de starben, deren Tod von Stammesgenossen auch ihm angerechnet wurde.

1884 fand Goyathlays letzter Ausbruch aus dem Reservat statt. Noch einmal hielt er sich lange Zeit erfolgreich mit einigen Anhängern in der Sierra Madre versteckt. 1886 ergab er sich freiwillig mit 36 Gefährten der US-Army und wurde drei Jahre im Gefängnis festgehalten. 1903 ließ er sich methodistisch taufen. Ihm wurde ein Stück Land zur Bebauung zugewiesen. Seine Lebensgeschichte diktierte er 1905 dem Schulinspektor von Lawton (Oklahoma), Stephen Melvil Barrett (1865–1948), die dieser – vermutlich mit vielen Eingriffen – veröffentlichte.

Goyathlay starb im Januar 1909 an einer Krankheit. Begraben wurde er auf dem Friedhof von Fort Sill.[97]

Die Rede: Stammesbrüder, ihr habt alle gehört, was die Mexikaner mir vor Kurzem ohne jeden Grund zugefügt haben. Ihr seid meine Angehörigen, meine Onkel, Cousins und Brüder. Wir sind auch Manns genug – wir können mit den Mexikanern das Gleiche tun wie sie mit uns. Gehen wir los und spüren sie auf! Ich führe euch in ihre Stadt, wir werden sie in ihren Häusern angreifen. Ich werde ganz vorne kämpfen. Euch frage ich nur, ob ihr mich dabei unterstützen wollt, die Untat zu rächen, die die Mexikaner verübt haben. Werdet ihr meiner Bitte Folge leisten? – Gut, ich sehe, ihr kommt alle.

Denkt daran, was Krieg bedeutet: Entweder kehren die Kämpfer zurück oder sie werden getötet. Wenn einer von diesen jungen Männern sein Leben lassen muss, dann möchte ich nicht, dass seine Angehörigen mir Vorwürfe machen; denn die Männer haben sich selbst entschieden mitzugehen. Sollte ich getötet werden, so braucht niemand um mich zu trauern. Meine Allernächsten sind dort ermordet worden, und auch ich bin, wenn es sein muss, bereit, dort zu sterben.

---

[97] Fort der US-Army in Oklahoma, errichtet während der Indianerkriege 1869 und noch heute genutzt.

53. SARAH WINNEMUCCA
(PAIUTE), 4. APRIL 1870

Textvorlage: Helen Hunt Jackson: A Century of Dishonour. A Sketch of the United States Government's Dealings with Some of the Indian Tribes. New York 1881, S. 395–396

Hintergrund: Die Paiute, manchmal auch »Pah Ute« geschrieben, lebten ursprünglich im Great Basin und sind in einen nördlichen und einen südlichen Stamm unterteilt. Ihre Sprachen gehören zur uto-aztekischen Familie und unterscheiden sich bei den beiden Teilstämmen. Die nördlichen Paiute kamen um 1830 erstmals mit Weißen in Kontakt, mit denen sie bald wegen deren Landansprüchen in Konflikt gerieten und 1860 den *Pyramid Lake War*, 1861–1864 den *Owens Valley Indian War* sowie den *Snake War* 1864–1868, schließlich den *Bannock War* 1878 führten. Aus den Reservaten, in die sie eingewiesen wurden, zunächst der Malheur Reservation in Oregon, flohen sie oft und versuchten selbstständige Orte zu gründen, von denen einige 1934 als dauerhafte Siedlungen von den Weißen anerkannt wurden.

Sarah Winnemucca wurde 1844 als Häuptlingstochter bei den Nördlichen Paiute geboren und hieß zunächst Thocmentony. Ihr Großvater Truckee war gerade Häuptling, als die Paiute erstmals den Weißen begegneten. Diese wurden freundlich empfangen und sogar im *Bear War* gegen Mexiko (um die Kontrolle über Kalifornien) unterstützt. Die enge Bindung löste sich allerdings unter Thocmentonys Vater. Mit sechs (nach anderer Überlieferung mit zehn) Jahren wurde sie in eine weiße Familie zur Erziehung gegeben und fand durchaus Gefallen an der Lebensweise der neuen Bewohner ihres Landes. Sie lernte Englisch und Spanisch sowie drei indianische Sprachen. Inzwischen berührte die Siedlungsgrenze der Weißen in Amerika auch das Gebiet ihres Stammes, und es wurde absehbar, dass sie darauf bestehen würden, letztendlich alle Ureinwohner in Reservate zu zwingen. Sarah Winnemucca, wie sie seit Beginn ihres Aufenthaltes unter den Weißen hieß, begann als Dolmetscherin in Camp Mc-Dermitt in Diensten der US-Regierung und der US-Army zu arbeiten und heiratete Lt. E.C. Bartlett, den sie allerdings nach einem Jahr wieder verließ. Ebenso war sie danach mit einem Indianer nur kurz verheiratet; beide Männer waren gewalttätig. In ihrer Funktion als Mitarbeiterin der Regierung in Camp McDermitt schrieb sie den unten stehenden Brief an den Major der US-Armee Henry Douglas.

Der Aufenthalt bei ihrem Stamm im Reservat Malheur ab 1872 erschütterte sie. 1880 trug sie die Beschwerden über die Zustände in den Reservaten auch in Washington vor, und zwar bei Innenminister Carl Schurz und Präsident Rutherford B. Hayes. Nach der vielfältigen Unterstützung, die sie den USA in verschiedenen Funktionen geleistet hatte, durfte sie durchaus Gehör erwarten. Die nicht eingehaltenen Versprechen der Regierung allerdings kosteten sie als Fürsprecherin viel Vertrauen bei ihrem Stamm. Dennoch betätigte sie sich weiterhin politisch und hielt über 400 Reden, in denen sie auf das Unrecht gegen ihr Volk hinwies und um gegenseitiges Verständnis zwischen Weißen und Einheimischen warb. Deswegen wurde sie von weißen Politikern angefeindet und verleumdet. Dabei fand sie auch weiße Unterstützer, so etwa das Schwesternpaar Elizabeth und Mary Peabody Mann. 1883 veröffentlichte sie ihr Buch »Life Among the Piutes«, das erste überhaupt, das von einer indianischen Frau gedruckt wurde. Sarah Winnemucca gründete eine Schule für Kinder ihres Stammes sowie eine weitere Schule für indianische Kinder. Nach dem Tod ihres vierten Mannes Lt. L.H. Hopkins zog sie sich resigniert zu ihrer Schwester Elma in Henry's Lake zurück. Dort starb sie am 17. Oktober 1891. Geehrt wurde sie für ihre Leistungen erst nach ihrem Tod.

Der Brief:

Sir,

vom kommandierenden Offizier dieses Militärpostens höre ich, dass Sie über die hier lebenden Indianer genau informiert werden möchten in der Absicht, ihre Lage, falls möglich, dadurch zu verbessern, dass Sie sie in das Reservat am Truckee River schicken. Alle Indianer von hier bis Carson City gehören zum Stamm der Pah-Ute. Mein Vater – sein Name ist Winnemucca – ist der oberste Häuptling des ganzen Stammes; aber langsam wird er zu alt und hat nicht mehr genug Energie, um die Verschickung in das Reservat anzuordnen oder den Stammesangehörigen nahezubringen, dass dies nötig sei. Ich glaube auch, dass er ein absoluter Gegner einer solchen Maßnahme ist. Er, ich und die meisten Indianer vom Humboldt und Queen's River waren schon einmal im Truckee Reservat, aber wenn wir dort geblieben wären, wären wir verhungert. Wenn die Indianer damals von ihren Agenten tatsächlich die Dinge erhalten hätten, die ihnen rechtlich zustanden, wären sie nie weggezogen; dessen bin ich mir ganz sicher. Was die Kenntnisse meiner Stammesgenossen im Ackerbau betrifft, so sind diese sehr gering, hatten sie doch nie die Gelegenheit, etwas in der Art zu lernen. Aber ich denke, wenn man sich nur Mühe genug gibt, ihnen das Grundlegende beizubringen, wären sie bereit, jede Anstrengung auf sich zu nehmen, um sich ihren Unterhalt durch eigene Arbeit zu sichern, vorausgesetzt, sie könnten darauf vertrauen, dass die Resultate ihrer Arbeit ihnen auch wirklich gehören und sie sie zum eigenen Gebrauch und Nutzen verwenden können. Es erscheint mir müßig, Ihnen im Einzelnen darzulegen, wie wir während unseres ersten Aufenthalts in dem Reservat behandelt worden sind. Es mag genügen, wenn ich sage, dass wir das Reservat nicht verlassen durften und uns von den Fischen ernähren mussten, die wir im Fluss fangen konnten. Wenn das die Zivilisation ist, die uns in den Reservaten erwartet, so möge Gott verhüten, dass wir jemals wieder gezwungen werden, in ein solches zu übersiedeln. Da würden wir lieber in den Bergen leben und unsere Existenz aus dem dort Vorhandenen auf unsere gewohnte Art sichern. Was die Versorgung betrifft, so bekommen die Indianer in allen Militärstützpunkten genug zu essen und eine große Menge gebrauchter Kleidung.

Aber wie lange soll das noch so weitergehen? Was sind die Absichten der Regierung im Hinblick auf die Indianer? Ist es damit getan, dass wir uns ruhig verhalten? Wenn die Regierung alle Indianer aus den Militärstützpunkten fort und in solche Reservate schickt wie die am Truckee und am Walker River, dann wird (jedenfalls, wenn die Reservate so geführt werden, wie wir das damals erlebt haben), eine größere Menge Militär um die Reservate herum nötig sein, um die Indianer innerhalb der Grenzen der Reservate festzuhalten, als es nun braucht, wenn sie im Zustand der Abhängigkeit versorgt werden müssen. Wenn den Indianern jedoch garantiert wird, dass sie sich auf eigenem Grund und Boden dauerhafte Wohnstätten errichten können und dass jeglicher Übergriff unserer weißen Nachbarn auf unsere Rechte unterbunden wird, wenn wir ein angemessen großes Stück Land als Eigentum zugeteilt sowie alles Nötige beigebracht bekommen, dann stehe ich dafür ein, dass der Wilde (wie er heute genannt wird) in fünfzehn oder zwanzig Jahren ein sparsam wirtschaftendes und gesetzestreues Mitglied der Gemeinschaft sein wird.

Sir, wenn Sie in Zukunft jemals wieder etwas über die Indianer in der Gegend hier wissen möchten, bin ich nur zu gerne bereit, Ihnen alle Informationen zu geben, die ich geben kann.

Sarah Winnemucca
Camp McDermitt, Nevada, 4. April 1870

54. Old Crow

(Nördliche Cheyenne), um 1880

Textvorlage: Jackson, Helen Hunt: A Century of Dishonour. A Sketch of the United States Government's Dealings with Some of the Indian Tribes. New York 1881, S. 100

Hintergrund: Die Cheyenne sind ein Stamm, in den drei verbündete Völker ineinander aufgegangen sind: die Masikota, die Sutai und die Tsitsitas. Sie gehören zur Algonkin-Sprachfamilie und lebten in der Prärie im Gebiet des heutigen Colorado. Vor anderen Stämmen bildeten sie bereits einen organisierten Bund: Im Rat der Vierundzwanzig trafen sich ihre verantwortlichen Häuptlinge und regelten die inneren Angelegenheiten des Stammes.

Ihr Siedlungsgebiet wurde durch die Eisenbahn geteilt und der Stamm 1868 durch den Vertrag von Fort Laramie in eine nördliche und eine südliche Gruppe gespalten. Zuvor hatte bereits das Sand-Creek-Massaker 1864, bei dem Colorado-Milizen ein Cheyenne-Dorf überfielen und über 100 Menschen ermordeten, den Stamm schwer getroffen, da dabei mehrere Häuptlinge aus dem Rat der Vierundzwanzig getötet wurden.

Mehrere Cheyenne bildeten darauf die Truppe der sogenannten Hundesoldaten, die gegen jeden Weißen Krieg führten. Auch an der Schlacht am Little Bighorn 1876 nahmen Cheyenne teil.

Häuptling Old Crow war unter General George Crook (1828–1890) viele Jahre lang Kundschafter für die US-Army gewesen. Die unten stehende Rede hielt er als Zeuge bei einer Untersuchung über den Jahresbericht des Indianerbeauftragten über das Jahr 1879 durch ein Senatskomitee unter Senator John Tyler Morgan (1824–1907) in Fort Leavenworth.

Die Rede: Eine Zeit lang fühlte ich mich so, dass ich gar nichts mehr tun wollte, ich hatte kein Herz mehr, ich fühlte mich innerlich hohl und hatte zu nichts mehr Mut. Ich wollte nicht mehr in diesem Land sein. Ich wollte die ganze Zeit in das bessere Land zurückkehren, in dem ich geboren worden war, und in dem meine Kinder begraben liegen und wo meine Mutter und meine Schwester noch leben. So lag ich die ganze Zeit in meinem Zelt und hatte nichts anderes als das im Sinn und was sich dort oben im Norden bei Fort Robinson ereignet hatte, wo meine Freunde und Verwandten getötet worden waren.[98] Aber jetzt fühle ich mich so, dass ich gerne versuchen würde, etwas zu arbeiten, wenn ich nur ein Pferd und einen Wagen und etwas Land hätte. Wenn ich etwas hätte, sodass ich etwas tun könnte, würde ich nicht so viel über jene anderen Dinge nachdenken. Aber so wie es jetzt ist, ist mir zumute, als ob ich am besten gleich mit den anderen gestorben wäre.

---

[98] In Fort Robinson in Nebraska wurden im Januar 1779 ausgebrochene Nördliche Cheyenne unter Bewachung der US-Army gehalten, die sich weigerten, in das Indianerterritorium zurückzukehren. Während dieser Gefangenschaft erhielten sie weder Wasser noch ausreichend Nahrungsmittel oder Möglichkeiten, sich gegen die Kälte zu schützen. Wer versuchte zu fliehen, wurde erschossen. Die wenigsten Gefangenen überlebten.

55. GOYATHLAY/GERONIMO
(CHIRICAHUA APACHE), 1905

Textvorlage: Stephen Melvil Barrett: Geronymo's Story of His Life. New York 1906, S. 213–217

Hintergrund: Die unten abgedruckte Rede ist das letzte Kapitel der Biografie Goyathlays, die Stephen Melvil Barrett herausgegeben hat. Die Rede wurde im Rahmen der vom Häuptling diktierten Autobiografie verfasst. Zur Verlässlichkeit des Inhaltes vgl. die Einleitung zur vorigen Rede.

Die Rede: Eine zentrale Frage zwischen den Apachen und der Regierung ist immer noch ungeklärt. Seit nunmehr zwanzig Jahren werden wir hier [in Fort Sill] als Kriegsgefangene festgehalten, und zwar aufgrund eines Abkommens, das von General Miles[99] aufseiten der Regierung der Vereinigten Staaten und mir als Vertreter der Apachen geschlossen worden war. Dieses Abkommen ist von der Regierung in der Vergangenheit nicht immer korrekt eingehalten worden, auch wenn ich sagen muss, dass es derzeit sorgfältiger als früher beachtet wird. In der mit General Miles erzielten Übereinkunft hatten wir eingewilligt, dass wir von Arizona wegziehen und lernen würden, wie die Weißen zu leben. Heute, so glaube ich, sind meine Leute imstande, gemäß den Gesetzen der Vereinigten Staaten zu leben, und jetzt wünschen wir uns natürlich, in Freiheit in das Land zurückkehren zu dürfen, das nach göttlichem Gesetz das Unsere ist. Wir sind heute sehr viel weniger Menschen als früher, und da wir gelernt haben, wie man den Boden bearbeitet, würden wir auch nicht

---

[99] Nelson Appleton Miles (1839–1925), der den Häuptling gefangen genommen hatte.

mehr so viel Land brauchen, wie das früher einmal nötig gewesen wäre. Wir bitten also nicht um das ganze Land, das der Allmächtige uns ursprünglich geschenkt hatte, wir bitten nur darum, dass wir dort, woher wir stammen, genügend Land bekommen, um Ackerbau zu treiben. Wir sind froh, wenn die Weißen das Land bewirtschaften, das wir nicht benötigen.

Im Augenblick werden wir auf Comanchen- und Kiowa-Land festgehalten, aber dieses entspricht nicht unseren Bedürfnissen. Land und Klima hier eignen sich natürlich für die Indianer, die seit jeher hier wohnen. Unser Volk dagegen schrumpft in diesem Landstrich immer mehr, und wenn uns nicht gestattet wird, dahin zurückzukehren, woher wir kommen, wird unser Niedergang sich immer weiter fortsetzen. Das ist unvermeidlich.

Meines Wissens existieren nirgendwo anders ein Klima und ein Boden wie in Arizona. In dem Land, das der Allmächtige selbst für uns Apachen geschaffen hat, hätten wir reichlich gutes Ackerland, reichlich Gras, reichlich Holz und eine Fülle von Bodenschätzen. Es ist mein Land, meine Heimat, das Land meiner Väter, in das zurückkehren zu dürfen ich nun um Erlaubnis bitte. Dort möchte ich meine letzten Tage verbringen und in den Bergen dort begraben sein. Wenn dies wahr werden könnte, könnte ich in Frieden sterben, mit dem Vertrauen, dass mein Volk – wieder dahin zurückgekehrt, woher es stammt – erneut erstarken wird, statt, wie jetzt, immer mehr dahinzuschwinden, und mit der Gewissheit, dass unser Name überdauert und nicht verlöschen wird.

Ich weiß, dass meine Leute, wenn sie in dem Gebirgsland am Oberlauf des Gila River siedeln dürften, in Frieden leben und sich verhalten würden, wie es dem Willen des Präsidenten entspricht. Es würde ihnen gut gehen und sie wären glücklich, sie würden den Boden bebauen und die Zivilisation der Weißen kennenlernen, die sie jetzt respektieren. Könnte ich noch erleben, dass dies Wirklichkeit wird, dann würde ich wohl alles Unrecht vergessen können, das mir jemals angetan worden ist, und ich würde als glücklicher und zufriedener Mann sterben können. Aber wir selbst können in dieser Angelegenheit nichts unternehmen, wir müssen warten, bis jene, die die Macht haben, sich entschließen, zu handeln. Wenn sich dieser Wunsch jedoch nicht erfüllt, solange ich noch am Leben bin, und ich also in Unfreiheit sterben muss, dann hoffe ich, dass, wenn ich nicht mehr bin, wenigstens dem Rest des Stammes der Apachen das Recht gewährt wird, um das sie einzig bitten: nach Arizona zurückzukehren.

LITERATURHINWEISE

Quellen

Armstrong, Perry A.: The Sauks and the Black Hawk War. Springfield (Illinois) 1887

Barrett, Stephen Melvil: Geronymo's Story of His Life. New York 1906

Brice, Wallace A.: History of Fort Wayne. Fort Wayne (Indiana) 1868

Buchanan, James: Sketches of the History, Manners, and Customs of the North American Indians with a Plan for Their Amelioration. New York 1824

Carver, Jonathan: Travels through the Interior Parts of North America in the Years 1766, 1767 und 1768. London 31781

Colden, Cadwallader: The History of the Five Indian Nations Depending on the Province of New York in America. 1727

Cushman, Horatio Bardwell: History of the Choctaw, Chickasaw and Natchez Indians. Greenville (Texas) 1899

Drake, Francis S.: The Indian Tribes of the United States. Volume II. Philadelphia 1884

Drake, Samuel G.: Biography and History of the Indians of North America, from its first Discovery. Boston 111851

Hunter, John D.: Memoirs of a Captivity among the Indians of North America from Childhood to the Age of Nineteen. London 1823

Irving, Theodore: The Conquest of Florida by Hernando de Soto. Vol. I, Philadelphia 1835

Irving, Washington: The Works [...] in Ten Volumes, Vol. X.: Adventures of Captain Bonneville. Conquest of Florida. London 1853

Jackson, Helen Hunt: A Century of Dishonour. A Sketch of the United States Government's Dealings with Some of the Indian Tribes. New York 1881

North Dakota Studies Website: http://www.ndstudies.org/

Potter, Woodburne: The war in Florida. Being an Exposition of Its Causes. Baltimore 1836

Schoolcraft, Henry M.: Historical and Statistical Information respecting History, Condition and Prospects of the Indian Tribes of the United States. Vol. III, Philadelphia 1854 und Vol. IV, Philadelphia 1857

Thatcher, Benjamin Bussey: Indian Life and Battles. Akron 1910

Wood, Norman B.: Lives of Famous Indian Chiefs. Aurora (Illinois) 1906

Sekundärliteratur

Armstrong, Virginia Irving (Hg.): I Have Spoken. American History Through the Voices of the Indians. Chicago 1971

Arrowsmith, William/Korth, Michael: Der Große Geist spricht. Düsseldorf 2004

Beckhard, Arthur J.: Black Hawk. New York 1957

Blackbird, Andrew J.: History of the Ottawa and the Chippewa Indians of Michigan. Ypsilanti (Michigan) 1887

Blaisdell, Bob: Great Speeches by Native Americans. Mineola (New York) 2000

Bradley, Charles: The Handsome People. A History of the Crow Indians and the Whites. Billings (Montana) 1991

Britt, Albert: Great Indian Chiefs. New York (Reprint von 1838) 1969

Carson, James Taylor: Searching for the Bright Path. The Mississippi Choctaws from Prehistory to Removal. Lincoln (Nebraska) 1999

George Catlin: Die Indianer Nordamerikas. Wiesbaden 2012

Church, Thomas: Diary of King Philip's War, 1676–77. Hg. Von Alan und Mary Simpson, Chester (Connecticut) 1975

Clarke, Peter (Dooyentate): Origin and Traditional History of the Wyandots. Toronto 1870

Danziger Jr., Edmund J.: The Chippewa of Lake Superior. Norman (Oklahoma) 1978

Dictionary of Canadian Biography Online: Pontiac (http://www.biographi.ca)

Drake, Benjamin: The Life of Tecumseh and His Brother the Prophet. Cincinnati 1841

Drake, Benjamin: The Life and the Adventures of Black Hawk. Cincinnati 1838

Drake, Samuel G.: The History of King Philip's War. Exeter (New Hampshire) 1829

Eckert, Allan W.: A Sorrow in Our Heart. The Life of Tecumseh. New York 1992

Edmunds, R. David: Tecumseh and the Quest of Indian Leadership. Boston 1984

Edmunds, R. David: The Potawatomis: Keepers of the Fire. Norman (Oklahoma) 1988

Edmunds, R. David: The Shawnee Prophet. Lincoln (Nebraska) 1983

Ellis, George W./Morris, John E.: King Philip's War. New York 1906

Engel, Elmar: Blackfoot, Cree und Mohawks. Zur Geschichte der Indianer im Norden Amerikas. Göttingen 1997

Engel, Elmar: Pontiac. Göttingen 1999

Ethridge, Robbie Franklyn: Creek Country. The Creek Indians and their World. Chapel Hill (North Carolina) 2003

Fenton, Willam N.: The Great Law and the Longhouse. A political history of the Iroquois Confederacy. [The civilization of the American Indian series, 223] Norman (Oklahoma) 1998

Fowler, Catherine S./Liljeblad, Sven: Northern Paiute. In: William C. Sturtevant: Handbook of North American Indians. Washington DC 1964

Furtwangler, Albert: Answering Chief Seattle. Washington 1997

Geronimo: Ein indianischer Krieger erzählt sein Leben. Göttingen 2002

Gibson, Karen Bush: The Blackfeet. People of the Dark Moccasins. Mankato (Minnesota) 2000

Glatthaar, Joseph T./Martin, James Kirby: Forgotten Allies. The Oneida Indians and the American Revolution. New York 2006

Gleach, Frederic W.: Powhatan's World and Colonial Virginia: A Conflict of Cultures. Lincoln (Nebraska) 1997

Grifford, Eli/Cook, R. Michael (Hg.): Wie kann man den Himmel verkaufen? Aus dem Englischen von Cordula Kolarik und Klaus Sticker, Göttingen 1996

Grinde Jr., Donald A.: The Iroquois and the Founding of the American Nation. San Francisco 1977

Hagan, William T.: The Sac and Fox Indians. Norman (Oklahoma) 1958

Handbook of the North American Indians

Bd. IV: Washburn, Wilcomb E. (Hg.): History of the Indian-White Relations. Washington 1988

Bd. VII: Suttles, Wayne (Hg.): Northwest Coast. Washington 1990

Bd. VIII: Heizer, Robert F. (Hg.): California. Washington 1978

Bd. IX und X: Ortiz, Alfonso (Hg.): Washington 1979/1983

Bd. XI.: d'Azevedo, Warren L. (Hg.): Great Basin. Washington 1986

Bd. XII: Walker Jr., Deward E. (Hg.): Plateau. Washington 1988

Bd. XIII: DeMallie, Raymond J.: Plains. 2 Teilbände, Washington 2001

Bd. XIV: Fogelson, Raymond D.: Southeast. Washington 2004

Bd. XV: Trigger, Bruce G. (Hg.): Northeast. Washington 1978

Hopkins, Sarah Winnemucca: Life Among the Piutes. Their Wrongs and Claims. New York 1883.

Hyde, Georg E./Lottinville, Savoie: The Pawnee Indians. Norman (Oklahoma) 2007

Jackson, Donald: Black Hawk. An Autobiography. Champaign (Illinois) 1964

James, Edward T. u.a. (Hg.): Notable American Women. A Biographical Dictionary. 3 Bde. Cambridge 1971

Jefferson, Thomas: Notes on the State of Virginia. Hg. von William Peden, Chapel Hill 1955

Johansen, Bruce E./Grinde Jr., Donald A.: The Encyclopedia of Native American Biography. New York 1997

Josephy Jr., Alvin M.: The Patriot Chiefs. New York 1961

Klein, Barry T. (Hg.): Reference Encyclopedia oft the American Indian. West Nyack (New York) 1993

Lowie, Robert H.: The Crow Indians. Lincoln (Nebraska) 1983

Mahon, John K./Weisman, Brent R.: Florida's Seminole and Miccosukee Peoples. In: Gannon, Michael (Hg.). The New History of Florida. 1996, S. 183–206

Maninger, Stephan: Die verlorene Wildnis – Die Eroberung des amerikanischen Nordostens im 17. Jahrhundert, Verlag für Amerikanistik, Wyk auf Föhr 2009

Mather, Increase: A Brief History of the War with the Indians in New England. Boston 1676

McReynolds, Edwin C.: The Seminoles. Norman (Oklahoma) 1957

Milanich, Jerald T.: The Timucua Indians of Northern Florida and Southern Georgia. In: Bonnie G. McEwan (Hg.): Indians of the Greater Southeast: Historical Archaeology and Ethnohistory. Gainesville 2000

Nabokov, Peter: Native American Testimony. New York 1991

Nichols, Roger L.: Geschichte der Indianer in den Vereinigten Staaten und Kanada. Ohne Ort 2002

O'Brien, Greg: Choctaws in a Revolutionary Age, 1750–1830. Lincoln (Nebraska) 2002

O'Brien, Greg (Hg.): Pre-removal Choctaw History. Exploring New Paths. Norman (Oklahoma) 2008

Oeser, Rudolf: Kurzbiographien prominenter Indianer Nordamerikas bis zum 19. Jahrhundert. Norderstedt 2001

Oskinson, John M.: Tecumseh and His Times. New York 1838

Palmer, Jessica Dawn: The Dakota peoples. A history of the Dakota, Lakota and Nakota through 1863. Jefferson (North Carolina) 2008

Parkman, Francis: History of the Conspiracy of Pontiac. New York (Reprint der Ausg. v. 1868) 1962

Peckham, Howard H.: Pontiac and the Indian Uprising. Chicago 1947

Perdue, Theda: The Cherokee. [Indians of North America] New York – Philadelphia 1989

Renner, Egon/Kruse, Boris: Die irokesische Konföderation im 17. Jahrhundert. Gesellschaft, Kriegführung und Politik. In: Magazin für Amerikanistik 1/2004–2/2004. Verlag für Amerikanistik, Wyk auf Föhr 2004

Rountree, Helen C.: Pocahontas's People. The Powhatan Indians of Virginia Through Four Centuries. Norman (Oklahoma) 1990

Rountree, Helen C.: Pocahontas, Powhatan, Opechancanough: Three Indian Lives Changed by Jamestown. Charlottesville 2005

Shannon, Timothy J.: Iroquois Diplomacy on the Early American Frontier. New York 2008

Seeber, Edward D.: Critical Views on Logan's Speech. In: Journal of American Folklore 60 (1947), S. 130–146

Stevens, Frank E.: The Black Hawk War. Chicago 1903

Stone William: The Life and Times of Say-go-ye-wat-ha or Red Jacket. Albany (New York) 1966

Swanton, John Reed: The Early History of the Creek Indians and their Neighbors. Washington 1922

Thwaites, Reuben Gold: The Story of the Black Hawk War. Madison (Wisconsin) 1892

Tooker, Elisabeth (Hg.): An Iroquois Source Book. 3 Bde. New York 1985–1986

Vanderwerth, W.C.: Indian Oratory. Famous Speeches by Noted Indian Chieftains. Norman (Oklahoma) 1971

De Veaux, Samuel: The Falls of Niagara. Buffalo 1839

Wallace, Anthony F.C.: Jefferson and the Indians. The Tragic Fate of the First Americans. Cambridge 1999

Warren, Stephen: The Shawnees and Their Neighbors, 1795–1870. Urbana – Chicago 2005

Weslager, Clinton Alfred: The Delaware Indians. A history. New Brunswick (New Jersey) 1972

Winger, Otho: Last of the Miamis: Little Turtle. O.O. 1935

Woodger, Elin/Toropov, Brandon: Encyclopedia of the Lewis and Clark Expedition. New York 2004

Zanjani, Sally: Sarah Winnemucca. Lincoln (Nebraska) – London 2001